LE
LANDSCAPE
FRANÇAIS.

IMPRIMERIE DE FIRMIN DIDOT FRÈRES,
RUE JACOB, N° 24.

LANDSCAPE FRANÇAIS.

ITALIE

PARIS

LOUIS JANET, LIBRAIRE,

Rue St Jacques N.º 59.

LE
LANDSCAPE
FRANÇAIS.

ITALIE.

> Ici, chaque pierre a son nom ;
> Ici, chaque débris sa gloire.
> Casimir Delavigne.

PARIS.
CHEZ LOUIS JANET, LIBRAIRE,
RUE SAINT-JACQUES, N° 59.

1833.

UN MOT
DE L'ÉDITEUR.

Sous ce titre fort expressif de LANDSCAPE (*échappée, perspective de pays, de terres*), les Anglais publient, depuis ces dernières années, un annuaire descriptif qui jouit, chez eux, d'un grand succès. Jusqu'ici, ce genre d'*Album pittoresque,* de format in-8º, exécuté avec un luxe de vignettes et de typographie tout particulier, manquait en France; nous l'y introduisons. Des vues d'Italie d'un effet charmant, un texte dû à la plume de plusieurs écrivains distingués, une beauté de papier, d'impression, de reliûre peu commune, voilà, selon nous, les titres de recommandation de ce volume à la faveur du public.

TABLE DES ARTICLES.

	MESSIEURS.	Pages
L'Italie	Bignan	1
Venise	Théophile Gautier	12
Ischia	De Lamartine	29
Rimini	Gustave Drouineau	36
Ferrare	P. Hédouin	41
Pompéia	Élisa Mercœur	48
Milan	Cordellier Delanoue	52
Le Lac de Côme	Ernest Fouinet	76
Les Enfers de Virgile	Saint-Marc-Girardin	88
Le Lac Majeur	Bignan	105
Sorrente	Denne-Baron	109
Florence	Audin	133
Le Vésuve	De Châteaubriand	138
Le Lac de Lugo	Palamède de Mortemart	150
Deux Jours a Rome	Antoni Deschamps	164
Pouzzolles	Édouard d'Anglemont	171
Turin	Français (de Nantes)	178
Naples	Saint-Marc Girardin	188
Gênes	Le baron de Mortemart	200
Domo d'Ossola	Charles Malo	212
Le Golfe de Salerne	Gauthier d'Arc	217

LISTE
DES VIGNETTES.

1 VENISE 12
2 RIMINI 35
3 MILAN 52
4 LE LAC DE COME 76
5 LE LAC MAJEUR 105
6 SORRENTE 109
7 FLORENCE 133
8 LE LAC DE LUGO 150
9 ROME. 164
10 POUZZOLLES 171
11 NAPLES 188
12 DOMO D'OSSOLA 212

L'ITALIE.

Dans les pays que leur religion, leur topographie ou leur climat ont comme séquestrés du monde, les mœurs offrent peu de nuances et de contrastes, parce que le peuple, ne vivant qu'avec lui seul, et, pour ainsi parler, en famille, a dû demeurer à peu près stationnaire : tel il est né, tel il meurt. Mais une contrée qui a frotté sa pensée contre celle des autres peuples, une contrée qui, d'abord conquérante, a subi, à diverses reprises, le joug de la conquête, une contrée enfin dans laquelle les idées sociales et les croyances religieuses ont éprouvé de fréquentes palingénésies, doit inévitablement présenter dans son caractère national une sorte de mosaïque de tous les caractères. Témoin cette Italie qui a passé par tous les modes de gouvernement, la monarchie, la république, l'empire ; riche et noble proie étalée aux regards du vainqueur, elle a été frappée tour à tour par l'épée de Brennus et d'Annibal, par la hache d'Attila, par le sceptre de Charlemagne et par le canon de Bonaparte. Comme tous les dieux des autres cultes, Jupiter, Mithra, Sérapis, se sont donné rendez-vous dans son polythéisme ; de même, sa philosophie et ses muses ne lui sont venues que du dehors ; son architecture, copiste habile et savante, a dressé à côté des constructions cyclopéennes et de l'obélisque égyptien, la colonne corinthienne, l'ogive et le créneau gothiques. Soit par ses souvenirs historiques, soit par sa position géographique, l'Italie touche à la Gaule par la Lombardie, à l'Orient par Venise, à la Grèce par Pestum, à l'Afrique par la Calabre ; elle s'est répandue dans l'univers, et à son tour l'univers s'est concentré dans son sein. Que de souvenirs opposés retrace cette terre des Romains et des Barbares, cette patrie des empereurs et des papes, des Néron et des Grégoire VII, des Héliogabale et des Alexandre VI! Là, les rois pasteurs du Latium; ici, les brigands des Apennins; des précipices et des rochers sauvages à côté de riantes prairies et de fertiles campagnes; des volcans sous des fleurs, des palais et des tombeaux semblables à des forteresses; des ruines païennes servant de base aux monuments du christianisme; la statue de Jupiter recevant les baisers des fidèles pour le compte du prince des apôtres; le Colysée avec la majesté sévère de ses mélancoliques débris, et la basilique de Saint-Pierre avec la magnificence de ses tableaux et de ses marbres; partout le sacré mêlé au profane, le moderne greffé sur l'antique, le grotesque en regard du sublime, les vieux souvenirs luttant contre les jeunes idées; des passions violentes et des esprits faibles; l'amour et la débauche même sympathisant avec les pratiques de la dévotion la plus minutieuse; des stylets aiguisés sur les autels des madones; des crucifix transformés en poignards; le luxe voisin de la misère et de la mendicité; la forfanterie des paroles démentie par la servilité des actions : tels sont les principaux traits dont se compose la bizarre et pittoresque physionomie de ce peuple italien, qui, après avoir été le peuple-roi de l'univers, n'a été que trop souvent le peuple-valet de l'Europe.

La cause première de tant d'anomalies morales remonte à la division de l'Italie en plusieurs peuplades, avant les Romains; chacune de ces peuplades avait son caractère spécial; la Toscane et la Campanie, par exemple, étaient amollies par la richesse et par l'oisiveté, tandis que les Volsques et les Latins étaient endurcis au travail et à la guerre. Quand, de la réunion de tous ces membres épars, se forma le vaste corps de la république romaine, Rome en voyageant à main armée dans tout l'univers, rapporta de ses conquêtes de nouveaux arts, des sciences inconnues, des habitudes étrangères; les nations vaincues posèrent comme modèles devant les vainqueurs; mais les liens de l'empire s'étant relâchés à force d'être étendus, la hache de fer des Goths et des Vandales porta le dernier coup à ce colosse déjà ébranlé dans sa base, déjà miné par sa propre corruption; alors les mœurs des Barbares firent irruption dans les mœurs italiennes; voilà tout à coup le Nord incorporé dans le Midi. C'est peu : le caractère de tant de peuples mixtes se diversifia encore par l'établissement des républiques du moyen âge. Ces violentes rivalités, ces guerres opiniâtres des Guelfes et des Gibelins ne firent que renforcer les oppositions de sentiments, d'idées et de croyances. L'ascendant de la cour de Rome ne put ramener les mœurs populaires à cette unité établie dans ses dogmes religieux; sous ce point de vue, le polythéisme aurait été plus fort que le catholicisme : il avait su créer, chez les Romains, un esprit national inconnu parmi les Italiens, et le Capitole avait dominé de plus haut que le Vatican sur l'Italie et sur le Monde.

La religion catholique, tout en chassant le paganisme, a conservé quelques traditions de ses rites, quelques vestiges de ses formes. On sent qu'elle a été implantée sur une terre où avait régné le culte de Janus, puissance à double face; elle a de célestes promesses et des menaces terribles, des fêtes et des supplices, des indulgences et l'inquisition. La gravité des pompes de la semaine-sainte sert de contre-poids aux licencieuses folies du carnaval; c'est un pape qui a institué l'Opéra, et des noms de saints ont baptisé des théâtres. De là le mélange de la dévotion et de la galanterie ; les devoirs spirituels et les plaisirs mondains empiétent les uns sur les autres. Entrez dans une salle de spectacle : vous y verrez souvent tout un parterre d'abbés. Entrez dans une église : cette jeune femme au long voile qui s'agenouille humblement et prie avec tant de ferveur, est peut-être une courtisane. Suivez cette femme : vous trouverez dans le réduit consacré à la volupté, l'image de la chasteté et le symbole de la souffrance, une madone et un crucifix. N'y a-t-il pas un reste de paganisme dans cet usage qui place le plaisir sous les regards et comme sous la protection de la Divinité.

Quant aux arts et aux lettres, les souvenirs de la mythologie païenne ont nui à la complète originalité des chefs-d'œuvre enfantés depuis le christianisme. Minos et Caron ne figurent-ils pas dans le Jugement dernier de Michel-Ange, comme le Tartare dans l'épopée du Tasse, et le Cocyte dans le poëme du Dante? Si l'antique a fait tort au moderne en lui fournissant des éléments disparates, le moderne à son tour a gâté l'antique en cherchant à le restaurer ou à l'embellir ; on dirait qu'il ait voulu se venger par une réaction. Combien le Colysée et le Panthéon ne seraient-ils pas plus majestueux encore, débarrassés de tous ces autels et de toutes ces croix qui les encombrent! C'est là, dit-on, *sanctifier* l'antique; non, c'est le profaner.

Indépendamment des causes signalées plus haut, l'habitude de vivre au milieu de tant d'objets qui contrastent entre eux, a dû contribuer à former cette antithèse de bien et de mal que présente le caractère italien; la politique, la religion et les arts ont donc exercé sur la morale leur triple influence. L'empire des passions, en Italie, est d'autant plus fort que la raison a moins de prise sur des imaginations ardentes et mobiles. Chose étrange! malgré cette mutabilité d'impressions, l'amour, si prompt à s'allumer dans les ames romaines, est lent à s'y éteindre; la jouissance, qui ailleurs l'émousse ou le blase, lui donne ici une force et une vie nouvelles; le cœur a besoin des sens. L'amour, extrême en tout, s'élèvera donc, chez un tel peuple, jusqu'à la vertu la plus pure, comme il descendra jusqu'à la dissolution la plus honteuse. Le sang des Lucrèce et des Messaline n'est pas encore tari.

Les autres passions, la haine, l'ambition, la vengeance, la tendresse paternelle ou filiale, enfantent de grandes vertus ou suscitent de grands crimes, parce qu'elles ont pour foyer des ames ardentes comme les volcans qui brûlent l'Italie, agitées comme les deux mers qui battent ses rivages. Mais si le fond de ces passions est identique, les formes en sont différentes; chacune, selon le pays qu'elle habite, a sa manière particulière de se manifester; l'une, à Rome, aura pour interprète la douceur et la beauté des paroles; l'autre, à Naples, se relèvera par la vivacité des gestes. Rien ne se fait de même partout. Le voyageur peut observer, presque à chaque poste, les métamorphoses variées des mœurs italiennes; une montagne, un fleuve, voilà quelquefois la seule limite qui les sépare; chaque contrée garde son individualité, soit dans les sentiments, soit dans le langage : la morale y compte ses dialectes. Dans l'enceinte de la même cité, la largeur d'une place, l'intervalle d'une rivière, suffisent pour y créer deux peuples; ainsi à Rome, quand vous quittez la place d'Espagne et que vous traversez le Tibre, vous vous trouvez transporté au milieu d'une race toute nouvelle à force d'antiquité; vous avez mis le pied dans la vieille Étrurie; toute ville d'Italie ressemble à Rome; elle a ses Transtévérins.

Aucun pays ne possède donc un peuple aussi bigarré que ce peuple italien : là, satisfait d'une moitié de manteau, de sa place au soleil, et de l'aspect de la mer; ici, parcourant les montagnes, la carabine sur le dos, le poignard à la ceinture, prêt au vol et au meurtre, tantôt renfermé dans le silence studieux des monastères, tantôt mêlé aux agitations de la vie mondaine; robuste et efféminé, sauvage et corrompu, orgueilleux avec fanfaronnade ou obséquieux avec bassesse; enthousiaste de ce qu'il y a de plus élevé dans les beaux-arts et de plus puéril dans les amusements; passant avec une égale avidité de la contemplation d'un chef-d'œuvre dans la peinture ou dans la statuaire à un spectacle de marionnettes ou de danseurs de corde; prodigue des démonstrations de l'amitié la plus expansive, et susceptible d'une haine profonde, d'une vengeance préméditée; enfin présentant un mélange singulier de toutes les mœurs des nations qu'il a subjugées ou qui ont passé sur son territoire en amies ou en conquérantes. Ce peuple métis, en dépit de tant d'éléments divers, n'en garde pas moins son type primitif gravé au fond de l'ame; les modifications successives que le temps a fait subir à son caractère n'ont pas détruit cette énergie de volonté qui en constitue la base; le vieux peuple romain vit toujours, mais caché et presque inconnu à lui-même; on dirait qu'il sommeille dans la poussière de ses monuments, dernière ruine d'une grande nation; il attend le jour où il doit se relever et remonter à son ancienne hauteur. Le temps est l'ouvrier dont la main habile et forte saura le réédifier, et l'époque de cette restauration de tout un peuple ne saurait être lointaine. Quoiqu'il reste encore beaucoup de superstitions enracinées dans les cœurs italiens, tout marche à une amélioration morale : la tradition du stylet et des empoisonnements s'altère de plus en plus; on ose avoir moins peur de la potence dans ce monde, et du diable dans l'autre; les miracles eux-mêmes trouvent moins de crédulité; les études graves se propagent, les idées généreuses se glissent dans la capitale des États Romains, malgré le cordon sanitaire que la puissance papale oppose à l'invasion de ce fléau cosmopolite ; le luthéranisme politique finira par triompher ; l'intelligence sera la force pacifique qui seule gouvernera le monde. Alors l'Italie, moins ardente peut-être à goûter les charmes des arts, à savourer le plaisir de vivre sous son beau soleil, tournera ses méditations sur ces idées de justice et de liberté, sage passion des peuples modernes. Le patriotisme antique renaîtra, mais pour ne s'appliquer qu'aux besoins actuels ; l'esprit national fera surgir non plus la vieille Rome de la république ou de l'empire avec ses esclaves et ses crimes, ni la Rome du moyen âge avec ses excommunications et ses vengeances ; mais une Rome nouvelle, une Rome tout ensemble libérale et chrétienne.

A. Bignan.

VENISE.

> AMÉLIE.
> Et vers quelle époque étiez-vous à Venise ?
> ARTHUR.
> A la fin de 1829.
>
> *Térésa.*

La plus singulière ville du monde à coup sûr c'est Venise, cet Amsterdam de l'Italie. On l'a décrite mille fois, elle est toujours aussi nouvelle. Qui a vu Vicence peut se faire une idée de Padoue; Rome ressemble à Florence, Paris à Londres; Venise ne ressemble qu'à elle. Ce n'est ni une ville gothique ni une ville romaine : c'est quelque chose qu'on ne saurait définir. Cette architecture étrange et fantastique n'a rien de commun avec celle que vous connaissez. Ces belvéders sur le sommet des toits; ces cheminées en forme de colonnes et

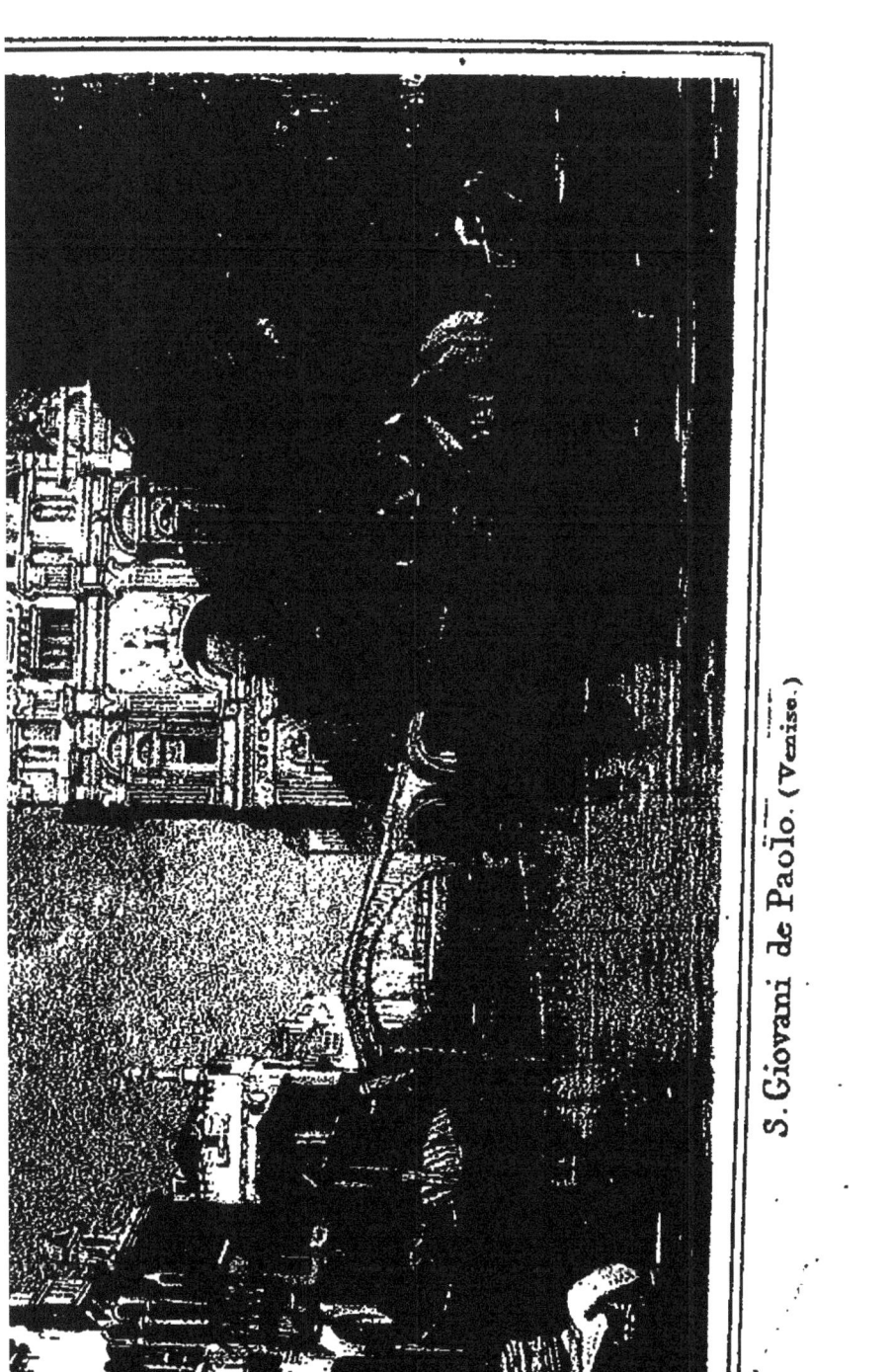

S. Giovani de Paolo. (Venise.)

de tours; ces grands palais de marbre aux fenêtres en arcades, aux murs bariolés de fresques et de mosaïques, aux frontons hérissés de statues; ces églises avec leurs clochers de formes si variées, dômes, coupoles, flèches, aiguilles, tourelles, campanilles; ces ponts aux arches sveltes et hardies tout chargés de sculptures; ces piazza pavées en marqueterie; ces canaux qui se croisent en tous sens, doublant dans leur clair miroir les maisons qui les bordent; ces tentes de toile rayée où se tiennent les marchands; ces poteaux armoriés qui servent à amarrer les barques des nobles; ces escaliers dont la mer baigne les dernières marches; ces embarcations de toutes grandeurs, yachts, felouques, chebecs et gondoles qui filent silencieusement sur l'eau endormie des lagunes; ces costumes grecs, turcs, arméniens, que le commerce du Levant y attire: tout cela, en face de l'Adriatique, sous le ciel de Paul Veronèse, forme un spectacle extraordinaire et magnifique que l'on ne peut rendre avec des paroles et qu'on peut à peine imaginer. Canaletti et Bonnington, Daguerre et son Diorama, tout admirables qu'ils sont, restent encore bien au-dessous de la réalité.

Qu'y a-t-il de plus beau au monde que l'aspect de la piazza di S. Marco, en venant du côté de la mer? A gauche, le Palazzo Ducale avec sa façade de marbre rouge et blanc disposés en petits carreaux, sa ceinture de colonnettes, ses trèfles et ses ogives, ses gros piliers trapus dont le fût plonge dans le sol, sa frise crénelée, ses huit portes, son toit de cuivre, ses figures symboliques de Bartolommeo Bono, ses lions ailés, la griffe sur leur livre, son pont des Soupirs, son luxe lourd et sombre, qui le fait à la fois ressembler à une forteresse et à une prison.

A droite, la bibliothèque publique du dessin de Sansovino, avec son double cordon de colonnes et d'arcades, sa balustrade à jour, sa ligne de statues mythologiques, ses enfants nus, soutenant au-dessus de la corniche des feuillages et des festons.

Au milieu, les deux colonnes de granit africain d'une grosseur et d'une hauteur prodigieuse, qui servent de piédestaux, l'une, à une statue de saint Théodore, l'autre, à un lion ailé de bronze, la tête tournée vers la mer comme pour dénoter qu'il veille à son empire. C'est entre ces deux colonnes qu'ont lieu les exécutions qui se faisaient autrefois sur la piazza di S. Giovanni in Bragola. Le doge Marino Faliero, battu par la tempête, fut forcé de prendre terre à cet endroit le jour de son installation, et cela fut généralement regardé comme de mauvais augure. On sait ce qui en arriva.

Au fond, la Chiesa Ducale di S. Marco, le plus étonnant édifice qui se puisse voir. Ce n'est pas une cathédrale gothique, ce n'est pas une mosquée turque, encore moins une métropole grecque, et cependant c'est tout cela. Ses aiguilles et ses pignons évidés à jour sont gothiques; ses trois coupoles de plomb, qu'on prendrait pour des casques, rappellent les mosquées orientales; on est tout surpris d'y voir une croix. Ce grand dôme est antique, ce plein-cintre est romain, cette tribune qui fait le tour de l'édifice, ces quatre colonnes qui portent sur une seule, ces cinq arches brodées et fleuronnées sont byzantines ou moresques. C'est un incroyable mélange de pierres, de marbres, de porphyres, de briques, de granits, de mosaïques et de fresques, de dorures et de statues, d'arabesques folles et hardies, de piliers ventrus et de colonnes frêles, qui n'a pas d'exemple au monde et qui n'en saurait avoir. Il faudrait un volume pour décrire l'intérieur; on dirait une caverne fouillée dans le roc vif avec des stalactites d'or et de pierreries; les quatre fameux chevaux de bronze caracolent sur le portail.

La Torre dell' Orologio, bâtie en 1496, sur les dessins de Carlo Rinaldi, avec son cadran qui, outre les heures, marque les mouvements de la lune et du soleil, avec sa madone dorée, ses anges en adoration, son lion sur champ d'azur étoilé, son doge à genoux, sa cloche où deux jacquemars représentant des Mores, frappent l'heure de leurs marteaux au grand esjouissement de la multitude.

Les trois grands étendards, supportés par des piédestaux de bronze d'un travail exquis, d'Alessandro Leopardi, auxquels, les jours de fête, on append trois flammes de soie et d'or, qui se déroulent gracieusement, à la brise de la mer.

Le Campanile, tour d'une élévation prodigieuse, à qui tous les clochers de Venise ne vont qu'à la cheville; elle est plus haute que la tour de Bologne et d'Argentine. L'ange de cuivre creux qui lui sert de girouette a quatorze pieds de haut. On y monte par une rampe douce et sans escaliers. Un immense panorama se déploie à vos yeux : un ciel clair et profond vous environne, l'horizon s'étend sans fin devant vos pieds, des côtes plates et des vases d'une teinte cendrée, la mer bleue et transparente forment les bords du cercle; des toits de toutes les couleurs, de toutes les formes, chatoyent au soleil dans le fond du gouffre. Le Palazzo Ducale, la Zuecca, les Procuratorie, la Chiesa di S. Marco se détachent de ces îlots de maisons; le clocher de S. Moisè, l'aiguille rouge de San-Francisco della Vigna, les deux tourelles de San-Jona semblent se hausser pour vous atteindre. Plus loin, la Dogana avance sa pointe; S.-Giorgio, toute fière de son église de Palladio, de son dôme et de sa tour, se découpe riante et verte dans un archipel de petites îles. Vous voyez les prames, les polacres, les brigantins qui font quarantaine à S.-Servolo, ou qui voguent à pleines voiles sur le grand bassin; les canaux intérieurs, dont vous ne pouvez apercevoir l'eau, coupent de sillons profonds les masses d'architecture groupées aux pieds du Campanile; du reste, ce tableau est muet. Cette rumeur sourde, ce vagissement d'une grande ville, qu'on entend des tours de Notre-Dame ou du dôme de Saint-Paul, ne frappent pas votre oreille : aucun bruit ne se fait entendre ; Venise en plein jour est plus silencieuse que les autres capitales dans la nuit. Cela tient à l'absence des chevaux et des voitures. Un cheval est un phénomène à Venise. Aussi Byron et ses chevaux, qu'il domptait au Lido, étaient-ils pour les Vénitiens un grand sujet d'étonnement.

Mais voici le revers de la médaille. Venise est une ville admirable comme musée et comme panorama, et non autrement. Il faut la voir à vol d'oiseau. L'humidité y est extrême ; une odeur fade, dans les chaudes journées d'été, s'élève des lagunes et des vases ; tout y est d'une malpropreté infecte. Ces beaux palais de marbre et d'or, que nous venons de décrire, sont salis par le bas d'une étrange manière ; l'antique Bucentaure lui-même, que les Français ont brûlé pour en avoir la dorure, n'était pas, s'il faut en croire les historiens, plus à l'abri de ces dégoûtantes profanations que les autres édifices publics, malgré les croix et les rispetto dont ils sont couverts. A ces palais s'accrochent, comme un pauvre au manteau d'un riche, d'ignobles masures moisies et lézardées qui penchent l'une vers l'autre, et qui, lasses d'être debout, s'épaulent familièrement aux flancs de granit de leurs voisins. Les rues (car il y a des rues à Venise, bien qu'on n'ait pas l'air de le croire) sont étroites et sombres, avec un dallage qui n'a jamais été refait. Des vieux linges et des matelas sèchent aux fenêtres; quelque figure hâve et fiévreuse se penche pour vous regarder passer. Nul métier bruyant, nulle animation; quelque rare piéton glisse silencieusement sur les dalles polies. Hors S.-Marc, tout est mort : c'est le cadavre d'une ville et rien de plus; et je ne sais pas pourquoi les faiseurs de libretti et de barcarolles s'obstinent à nous parler de Venise comme d'une ville joyeuse et folle. La chaste épouse de la mer est bien la ville la plus ennuyeuse du monde, ses tableaux et ses palais une fois vus.

Les gondoles, dont ils font tant de belles descriptions, sont des espèces de fiacres d'eau qui ne valent guère mieux que ceux de terre.

C'est un cercueil flottant peint en noir avec une dunette fermée au milieu, un morceau de fer hérissé de cinq à six pointes à la proue et qui ne ressemble pas mal aux chevilles d'un manche de violon. Un seul homme fait marcher cette embarcation avec une rame unique qui lui sert en même temps de gouvernail. Quoique l'extérieur n'en soit pas gai, il se passe quelquefois à l'intérieur des scènes aussi réjouissantes que dans les voitures de deuil après un enterrement.

Les gondoliers sont des marins butors qui mangent des lazagnes et des macaroni, et ne chantent pas du tout de barcarolles.

Quant aux sérénades sous les balcons, aux fêtes sur l'eau, aux bals masqués, aux imbroglios d'opéra-comique, aux maris et aux tuteurs jaloux, aux duels, aux escalades, aux échelles de soie, aux grandes passions à grands coups de poignards, — cela n'existe pas plus là qu'ailleurs.

Voici la manière dont vivent les habitants, j'entends ceux qui ont le moyen de vivre; elle est la plus monotone de la terre. Ils se lèvent à midi, promènent leur désœuvrement par la ville jusqu'à trois heures, dînent fort sobrement, font la sieste, s'habillent et vont au casino jusqu'à neuf heures, puis à l'opéra où personne n'écoute, attendu que les Italiens sont le peuple le plus musicien de l'Europe, puis au casino où ils prennent des glaces, assis tranquillement devant de petites tables, parqués chacun dans leurs cafés respectifs : les nobles avec les nobles, les courtiers avec les courtiers, les juifs avec les juifs, les retirate (femmes sur le retour) avec les retirate, les fringantes (femmes à la mode) avec les fringantes, ainsi de suite; car à Venise les classes ne se confondent pas. Tout ce monde attend le jour pour rentrer chez soi et se coucher. Les Italiens n'ont pas le sentiment du foyer; ils ne comprennent pas le bonheur de la maison; ils vivent entièrement dehors.

Les anciens nobles végètent obscurément dans quelque coin de leur palais, sous les combles, mangeant du macaroni au fromage avec leurs valets, à demi vêtus de guenilles pour ménager leurs habits neufs, ne lisant pas, ne s'occupant de rien. Chaque femme, comme dans tout le reste de l'Italie, a son *cicisbeo* ou *patito* qui l'accompagne à la messe, à l'opéra, au casino; cela au vu et au su du mari qui ne s'en inquiète pas le moindrement du monde, et sert souvent de médiateur dans les querelles qui surviennent entre eux. Parlez-nous après cela de la jalousie italienne. Lire, écrire tant bien que mal, faire un peu de musique, voilà à quoi se réduit l'éducation des femmes. Peu vives et peu spirituelles, elles n'ont aucune ressource pour la conversation. Le sigisbéisme n'est pas aussi immoral au fond qu'il le paraît d'abord : c'est une espèce de mariage de cœur auquel elles sont ordinairement plus fidèles qu'au premier; il est bien rare qu'on se quitte. Quand il n'y a plus d'amour, l'amitié le remplace; quand il n'y a plus d'amitié, l'habitude en tient lieu. On ne saurait rien voir de moins romanesque et de plus bourgeois.

Quant à la beauté des femmes italiennes, dont nos jeunes modernes se sont enthousiasmés sur la foi de Byron, elle n'a rien de bien extraordinaire. Malgré la dénomination générale de beau sexe, en Italie comme ailleurs les laides sont en majorité : de grandes têtes droites, un peu trop fortes pour le corps, et tout-à-fait classiques, un coloris mat et sans transparence, la gorge mal faite et la taille épaisse; ce qu'elles ont de plus beau, ce sont les mains et les épaules. Quoi qu'en dise le noble poète, qui probablement avait ses raisons pour cela, les Anglaises l'emportent sur elles de toutes les manières.

Je ne comprends guère non plus l'admiration de nos gothiques pour cette ville. Il y a très-peu d'ogives ; à l'exception du Palazzo Ducale et de Saint-Marc, toutes les fabriques sont de cette architecture que l'on ne fait pas faute ici d'appeler *roccocotte* et perruque. L'ionique y abonde, le corinthien y est en grand honneur, le dorique n'y est pas mal vu ; le toscan et le composite se carrent sur toutes les façades, et quelquefois tous ensemble sur la même. Les églises sont inondées de jour, enjolivées de marbre de couleur, enluminées de fresques, l'or y brille de toutes parts : c'est un luxe mondain, une coquetterie profane, toute différente de la majestueuse gravité des cathédrales du moyen âge. Enlevez l'autel, cela aura l'air d'un salon ou d'une galerie de tableaux. Ces anges seront des Amours, cette Vierge une Vénus, ces saintes des Grâces. La piété des Italiens est toute de surface. Une madone mal peinte aura peu d'adorateurs ; les saints vieux et barbus ne font pas fortune auprès des femmes. Le Saint-Michel du Guide, à Rome, est célèbre par les passions qu'il a inspirées. La plus petite église de Venise est riche en tableaux de grands maîtres. Paul Véronèse, Tintoret, Titien, le vieux Palme, le Fiamingo, le cavalier Liberi, Alessandro Turchi, Aliense, Malombra, Giovanni Bellino, Diamantini, Giambatista da Conegliano, ont tous, plus ou moins, contribué à embellir de leurs pinceaux les dômes, les stanze, les scuole, les cloîtres, les palais et les chapelles. Les sculpteurs ne sont pas non plus restés en arrière. Andrea Riccio de Padoue, Sansovino, Alessandro Vittoria, Bartolommeo Bono, Danese, Nicolo dei Conti, et cent autres ont couvert de statues et de bas-reliefs tous les monuments publics.

Il y a à Venise cinq cents ponts : celui de Rialto, d'une seule arche tout de marbre, avec deux rangs de boutiques, et des bas-reliefs représentant des sujets religieux, par Girolama Campagna, est un des plus connus; beaucoup d'autres ne lui sont pas inférieurs en hardiesse et en élégance. Parmi ses trois cents églises, il y en a une foule dont on ne parle pas, et qui méritent cependant qu'on en fasse mention : la Madonna dei Miracoli, dont la façade est ornée de porphyre et de serpentine, et où l'on voit l'image de Notre-Dame, sculptée par le célèbre Pirgotèle; S. Giacomo di Rialto, une des plus anciennes de Venise : il y a cinq autels ; sur le plus grand, fait de marbre blanc, est placée une statue de saint Jacques, par Alessandro Vittoria; l'autel de saint Antoine est embelli de colonnes de marbre de couleur, et l'image du saint en bronze est de Girolamo Campagna.—S. Rocco.—La statue du saint est de Bartolommeo Bergamasco; deux autres de saint Sébastien et saint Pantaléon, de Mosca. Le tableau d'autel représentant l'Annonciation a été peint par Francesco Solimeno, de Naples. Les autres peintures sont de Pordenone, du Tintoret, de Titien, de Vivarini et d'Antonio Fumiani. — S. Geminiano. — La Madalena, Santa-Maria Zobenigo sont dignes d'attirer l'attion de l'artiste et du voyageur. Li SS. Giovanni et Paolo, près la Scuola di S. Marco, possède quinze autels; le principal est un des plus beaux et des plus majestueux de la ville; il est fait de marbre fin, avec un tabernacle élevé sous un arc, porté par dix grandes colonnes, et deux anges sur les côtés, qui ont chacun dans la main une cassette dorée qui contient les reliques de saint Jean et saint Paul.

La chapelle de Notre-Dame-du-Rosaire vaut qu'on y fasse attention. L'autel est isolé, avec une coupole soutenue par quatre colonnes de marbre précieux ; la statue de la Vierge est d'Alessandro Vittoria ; quelques autres, de Girolamo Campagna. Les bronzes de la chapelle de saint Dominique ont été fondus par Mazza, de Boulogne. Il faudrait une page rien que pour écrire les noms des artistes célèbres dont on y admire les ouvrages, et des personnages illustres dont les mausolées et les épitaphes couvrent les murs et le pavé.

Le Palazzo Ducale, les Scuole, les palais Grimani, Pisani, Rezzonico et Grani renferment, en tableaux et en statues, d'innombrables richesses, que le défaut d'espace nous empêche de décrire et d'apprécier. Nous ne parlerons donc pas de l'escalier des Géants avec ses deux colosses de Sansovino, des statues d'Adam et Eve d'Andrea Riccio, des deux puits de bronze ornés d'arabesques et de figures, par Niccolò dei Conti, et de toutes les merveilles du Cortile, ni de la gueule de lion qui, dépouillée maintenant de ses terreurs mystérieuses, ressemble, à s'y tromper, à une boîte aux lettres, ni du Conseil des Dix, ni des seigneurs de la nuit, ni de tout cet attirail de francs-juges et d'inquisiteurs dont la République sérénissime aimait à s'entourer; d'ailleurs la domination autrichienne a remplacé tout cela, et maintenant c'est un officier allemand, un *tedesco*, qui épouse la mer. Et pourtant rien n'est changé à Venise; car c'est une chose digne de remarque : en Italie, on n'a rien bâti depuis trois cents ans; elle a conservé sa physionomie du XVe siècle; pas une construction nouvelle ne vient faire dissonnance. Ce luxe des habitations fait un singulier contraste avec la misère des habitants. Ce sont des résidences royales occupées par des gueux. C'est comme si une famille ruinée était forcée, faute de se pouvoir loger ailleurs, de garder la maison de ses pères jadis riches, et de courir en guenilles et nu-pieds par les beaux appartements dorés et couverts de tableaux. Le comfort est ce qui manque absolument à Venise, ville bâtie dans un autre temps, pour d'autres mœurs et d'autres usages. Les mœurs et les usages s'en sont allés; la ville reste, et ceux qui y sont n'ont pas de quoi la refaire. Venise maintenant n'est plus qu'une admirable décoration, un beau sujet de diorama ; tout y est sacrifié à l'extérieur.

Artistes ! pendant qu'elle est encore debout, et dans quelque temps d'ici ce ne sera plus qu'une ruine immense au milieu d'un marais méphitique, praticable tout au plus pour les poissons, allez, copiez-moi toutes ces façades, dessinez ces statues, faites des croquis d'après ces tableaux ; puis, quand votre mémoire sera pleine, et votre album couvert d'un bout à l'autre, si vous voulez garder votre illusion, suivez mon avis, partez vite, partez vite et ne revenez plus ; et vous croirez avoir fait un beau rêve !

Théophile Gautier.

À l'époque où M. Th. Gautier écrivait ces lignes, il n'avait encore jamais été à Venise. Son "_Italia_" nous le prouve.

ISCHIA.

Le soleil va porter le jour à d'autres mondes :
Dans l'horizon désert Phébé monte sans bruit,
Et jette, en pénétrant les ténèbres profondes,
Un voile transparent sur le front de la nuit.

Voyez du haut des monts ses clartés ondoyantes,
Comme un fleuve de flamme inonder les coteaux,
Dormir dans les vallons, ou glisser sur les pentes,
Ou rejaillir au loin du sein brillant des eaux.

La douteuse lueur, dans l'onde répandue,
Teint d'un jour azuré la pâle obscurité,
Et fait nager au loin dans la vague étendue
Les horizons baignés par sa molle clarté.

L'Océan, amoureux de ces rives tranquilles,
Calme, en baisant leurs pieds, ses orageux transports,
Et pressant dans ses bras ces golfes et ces îles,
De son humide haleine en rafraîchit les bords.

Du flot qui tour à tour s'avance et se retire
L'œil aime à suivre au loin le flexible contour :
On dirait un amant qui presse en son délire
La vierge qui résiste, et cède tour à tour.

Doux comme le soupir d'un enfant qui sommeille,
Un son vague et plaintif se répand dans les airs ;
Est-ce un écho du ciel qui charme notre oreille ?
Est-ce un soupir d'amour de la terre et des mers ?

Il s'élève, il retombe, il renaît, il expire,
Comme un cœur oppressé d'un poids de volupté ;
Il semble qu'en ces nuits la nature respire,
Et se plaint comme nous de sa félicité.

Mortel, ouvre ton ame à ces torrents de vie !
Reçois par tous les sens les charmes de la nuit,
A t'enivrer d'amour son ombre te convie ;
Son astre dans le ciel se lève et te conduit.

Vois-tu ce feu lointain trembler sur la colline?
Par la main de l'Amour c'est un phare allumé.
Là, comme un lis penché, l'amante qui s'incline
Prête une oreille avide aux pas du bien-aimé.

La vierge, dans le songe où son ame s'égare,
Soulève un œil d'azur qui réfléchit les cieux.
Et ses doigts au hasard errant sur sa guitare
Jettent aux vents du soir des sons mystérieux.

« Viens! l'amoureux silence occupe au loin l'espace!
« Viens du soir près de moi respirer la fraîcheur!
« C'est l'heure: à peine au loin la voile qui s'efface
« Blanchit, en ramenant le paisible pêcheur.

« Depuis l'heure où ta barque a fui loin de la rive,
« J'ai suivi tout le jour ta voile sur les mers,
« Ainsi que de son lit la colombe craintive
« Suit l'aile du ramier qui blanchit dans les airs.

« Tandis qu'elle glissait sous l'ombre du rivage,
« J'ai reconnu ta voix dans la voix des échos,
« Et la brise du soir, en mourant sur la plage,
« Me rapportait tes chants prolongés sur les flots.

« Quand la vague a grondé sur la côte écumante,
« A l'étoile des mers j'ai murmuré ton nom,
« J'ai rallumé sa lampe, et de ta seule amante
« L'amoureuse prière a fait fuir l'aquilon.

« Maintenant sous le ciel tout repose, ou tout aime :
« La vague, en ondulant, vient dormir sur le bord ;
« La fleur dort sur sa tige, et la nature même
« Sous le dais de la nuit se recueille et s'endort.

« Vois ! la mousse a pour nous tapissé la vallée,
« La pampre s'y recourbe en replis tortueux,
« Et l'haleine de l'onde à l'oranger mêlée,
« De ses fleurs qu'elle effeuille embaume mes cheveux.

« A la molle clarté de la voûte sereine
« Nous chanterons ensemble, assis sous le jasmin,
« Jusqu'à l'heure où la lune, en glissant vers Mysène,
« Se perd, en pâlissant, dans les feux du matin. »

Elle chante ; et sa voix par intervalle expire,
Et des accords du luth plus faiblement frappés,
Les échos assoupis ne livrent au zéphire
Que des soupirs mourants, de silence coupés.

Celui qui, le cœur plein de délire et de flamme,
A cette heure d'amour, sous cet astre enchanté,
Sentirait tout-à-coup le rêve de son ame
S'animer sous les traits d'une chaste beauté;

Celui qui, sur la mousse, au pied du sycomore,
Au murmure des eaux, sous un dais de saphirs,
Assis à ses genoux, de l'une à l'autre aurore,
N'aurait pour lui parler que l'accent des soupirs ;

Celui qui, respirant son haleine adorée,
Sentirait ses cheveux soulevés par les vents,
Caresser, en passant, sa paupière effleurée,
Ou rouler sur son front leurs anneaux ondoyants;

Celui qui, suspendant les heures fugitives,
Fixant avec l'amour son ame en ce beau lieu,
Oublirait que le temps coule encor sur ces rives,
Serait-il un mortel, ou serait-il un dieu ?....

Et nous, aux doux penchants de ces verts Élysées,
Sur ces bords où l'Amour eût caché son Éden,
Au murmure plaintif des vagues apaisées,
Aux rayons endormis de l'astre élysien ;

Sous ce ciel où la vie, où le bonheur abonde,
Sur ces rives que l'œil se plaît à parcourir,
Nous avons respiré cet air d'un autre monde,
Élise !... et cependant on dit qu'il faut mourir.

Alphonse de Lamartine.

RIMINI.

Ne me parlez pas d'un paysage sans souvenirs; assis dans le présent, j'aime à regarder dans le passé. Le passé est le prophète de l'avenir. Sans le passé et l'avenir, la vie est renfermée à sa réalité présente; on n'a donc plus qu'une sensation, qui peut être vivifiée, à vrai dire, par la contemplation de l'Être créateur de ce tout intelligent et harmonieux que nous nommons nature. Mais que cette contemplation a plus de force en présence de l'histoire qui se traduit devant vous en monuments encadrés dans une verdure mouvante! Que la pensée trouve plus de vivacité et d'élan à l'aspect de ce passé dont les fragments de marbre et de pierre sont restés debout au milieu du présent que nous traversons et qui demain sera le passé!

Rimini est la ville des souvenirs; par ses ruines admirables elle appartient à l'antiquité romaine. *Ariminium*, tel était son nom, effacé par celui que Dante a consacré. La voie Flaminienne s'y croise avec la voie Émilienne; le pont de marbre bâti sous Auguste, un arc de triomphe, les ruines d'un amphithéâtre qui sert d'ornement au jardin des capucins, sont de beaux vestiges de cette grande nation romaine qui imprimait si fortement ses pas au sol qu'elle habitait.

Dante a plus fait pour Rimini que tout ce passé travailleur; il a écrit quelques vers, et le nom de Rimini vivra quand les ruines seront croulées, quand la ville moderne sera devenue ruine à son tour. Rimini, c'est presque une création de Dante.

Le critique allemand Schlegel, qui a dit tant de mal de notre littérature qu'il ne comprenait pas, accusait Dante de rudesse, d'insensibilité. Byron entrait en fureur à la lecture de cette assertion tudesque et ignorante. Dante manquer de sensibilité!... Je conviens que l'Enfer n'est pas écrit en un style d'idylle; la métaphysique allemande ne s'y déploie pas en rêveries vaporeuses : un style rosé irait assez mal à l'Enfer ; un style de feu, une harmonie sombre, rude, heurtée, y sont des inspirations de génie. Mais où l'amour est-il plus suave que dans l'épisode de Francesca ? Où les affections paternelles et filiales sont-elles plus énergiques et plus pénétrantes que dans Ugolin ? Le Purgatoire et le Paradis ne brillent-ils pas d'espérances, de gloire céleste, d'ineffable poésie, de sérénité angélique, de mystiques voluptés, d'idéalités fraîches, et d'une majesté divine ?

Les commentaires si nombreux que les poëmes de Dante ont inspirés, se contredisent sur la réalité historique des amours de Francesca et de Paolo; une vieille chronique est d'accord avec la poésie. Lanciòtto Malatesta surprit, dit-elle, son épouse avec son frère Paolo, et les tua tous deux. Maintenant, que la lecture de Lancelot du Lac soit réelle ou inventée; que Francesca ait été coupable ou qu'elle ne l'ait pas été, peu importe ? En vérité, la manie des commentaires est un fléau bien déplorable pour la poésie !

Dante a dû être touché, épris de la naïveté

de la simplesse gracieuse du roman de Lancelot du Lac. Qu'il y a de tendresse et de franc amour dans ce dialogue! La reine Ginèvre a été laissée seule avec Lancelot par le sir Gallehaut.

« Auant hier pourquoy feites vous tant d'armes?—Et il commença à souspirer. — Dictes moy seurement; car je sçay bien que pour aulcune dame ou damoyselle le feites vous, et me dictes qui elle est par la foy que vous me deuez. — Haa, dame, je vois bien qu'il me le conuient de le dire, c'est vous. — Moy, fait-elle.... Et combien est que vous me aimez tant?—De le jour que ie fus tenu chevalier et ie ne l'estoye mie. — Par la foy que vous me deuez, dont vindrent ces amours que vous avez en moi mises? — Dame! vous me le feites faire, qui de moy feites votre amy, se vostre bouche ne me a menty. — Mon amy! fait-elle; comment? — Dame, fait-il, ie vins deuant vous quand ie eus pris congé à monseigneur le Roy et vous me dictes que vostre chevalier et amy vouliez vous que je fusse. Et je dys: Adieu, dame; et vous me dictes: Adieu, mon beau doulz amy: ce fust le mot qui préud-homme me fera si ie le suis; ne oncques puis ne fus ce si grand meschief qu'il ne m'en remembrast. Ce mot m'a conforté en tous mes ennuys; ce mot m'a de tous maulx guary; ce mot m'a fait riche en mes pouvretés. »

Voilà une chaleur vraie, bien sentie; voilà un amour puissant, fécond, qui enivre et qui tue! Il en jaillit de grandes choses. Que produisent les hypocrisies de salon que vous nommez amour, vous autres, élégants et froids calculateurs de délires menteurs? Des déceptions pour les femmes que vous séduisez et pour vous-mêmes!... Mais me voici loin de Rimini. Qu'ajouter, lorsqu'on a nommé Dante, Francesca, Paolo? L'œuvre est finie, si œuvre il y a.

Et Pellico!... Poète doux et touchant, mélancolique comme son sujet, il a écrit sur Françoise de Rimini une admirable élégie en cinq actes; pauvre poète, il a été jeté en prison, pour quelques vers énergiques sur l'Italie; il y est mort de misère et de douleur peut-être. Ses plaintes n'ont jamais eu écho hors des murs épais de son cachot.

Lord Byron méditait un drame sur Françoise de Rimini. Il est à regretter que les sublimes préoccupations de la Grèce et la mort aient brisé la lyre d'Harold, dont les cordes modulaient si tendrement des plaintes d'amour!

Je n'ose, moi chétif, écrire mon nom après de si grands noms; je n'ose rappeler que j'ai composé un drame sur Françoise de Rimini, bien accueilli.... autant qu'il pouvait l'être au mois de juillet 1830. Les balles des trois journées en ont troué les affiches.....

Au reste, les élégies en trois ou en cinq actes que nos rimeurs ou prosateurs dramatiques futurs écriront sur Françoise de Rimini seront toujours vaincues par l'épisode de Dante.

GUSTAVE DROUINEAU.

FERRARE.

« O Ferrare! le gazon croît dans tes vastes
« rues, dont la symétrie indique qu'elles ne
« furent pas destinées à la solitude. »

Byron, *Childe Harold*, Chant iv.

Voulez-vous assister au spectacle de la grandeur déchue? interroger le silence de la solitude aux lieux où le mouvement avait établi son empire? vous asseoir sur des ruines jonchant le sol qu'une cour brillante, animée par la magnificence et le goût des arts, avait couvert de monuments?... venez, oh! venez avec moi visiter l'antique capitale du duché de Ferrare! Mon ame est triste, désabusée des vaines et fugitives affections de ce monde : elle a connu les espérances trompeuses, l'ingratitude aux paroles froides et amères ; et dans cette Thébaïde de pierres et de marbres, que parcourent lentement quelques hommes qui me sont étrangers, je suis moins malheureux que dans les rues populeuses de Naples, et au milieu des joies retentissantes et fardées du carnaval de Venise.

C'était cependant ici l'une des plus belles villes de l'Italie. Les princes de la maison d'Este commencèrent à y régner dès le XIVe siècle. Édifices publics, maisons particulières, rues grandes et alignées avec la plus parfaite exactitude, tout rappelle l'or et la puissance d'une haute aristocratie, et tout présente en même temps l'aspect de la destruction. Si l'Arioste revenait sur la terre, et qu'il traversât de nouveau sa belle et noble Ferrare, de la porte Saint-Benoît à celle de Saint-Jean, il ne dirait plus dans son *Orlando* :

« O cità bene aventurosa, etc... »

Voici bien le palais du maréchal *Palluvicini*, celui des ducs d'Este ; mais pour y parvenir, j'ai foulé sous mes pieds et l'herbe et les décombres. Où sont ces fresques qui, dans l'intérieur de la maison ducale, faisaient l'admiration des voyageurs?... C'est à peine s'il en reste la trace, et cette trace n'est là que pour faire naître les regrets. On montre encore la cour où *Parisina* et *Hugo* furent décapités; mais vous ne trouverez personne qui vous décrive ces cavalcades, ces spectacles, ces tournois qui frappèrent si vivement l'imagination chevaleresque du Tasse à son arrivée dans Ferrare. Pompes brillantes sous l'éclat desquelles un prince faible déguisait la servitude du joug espagnol, vous vivrez bien moins dans la mémoire des hommes que le supplice de deux amants incestueux!... Serait-il donc vrai que le malheur et le crime laissassent parmi nous des souvenirs plus durables que le plaisir et la vertu?...

L'Arioste passa une partie de sa vie à Ferrare, à la cour de ces ducs tour à tour tyrans ou protecteurs, selon leurs caprices, et qui voulurent bien pourvoir à ses besoins, mais ne firent rien pour la fortune du poète qui leur donnait l'immortalité. J'ai vainement cherché dans le réfectoire des Bénédictins le tableau du Paradis, de *Ben Venuto da Garafolo*, dans lequel ce peintre avait représenté *Ludo-*

vico Ariosto, son ami, avec sa grande barbe noire, entre sainte Catherine et saint Sébastien. L'Arioste lui avait dit en plaisantant : *Dipingete me in questo paradiso, perchè nel altro io non civò*. Son tombeau décorait autrefois l'église de ce couvent, et fut transporté, en 1801, dans la bibliothèque de la ville, au milieu de l'une des solennités les plus brillantes de la république éphémère d'Italie. Un beau buste de marbre surmonte ce monument. Les Ferrarais possèdent les restes, le fauteuil, l'écritoire et les manuscrits du chantre de Roland ; aussi le réclament-ils comme leur compatriote, quoiqu'il soit né à Reggio : vanité la plus pardonnable de toutes ; car quelle ville ne devrait tenir à honneur d'avoir vu naître dans ses murs un homme de génie !

Dans cette cité si triste, un lieu le plus triste de tous ceux que l'étranger peut visiter, le plus intéressant pour qui n'est point privé d'une ame impressionnable, ne sortait pas de ma pensée !... Ici je me plais, avec une amertume qui n'est pas sans charme, à faire un retour vers les siècles passés.

Sous le règne de Henri III, un gentilhomme français, de bonne race et d'excellent esprit, fit le voyage d'Italie. Après avoir posé quelque temps dans cette Rome qu'il appelle, selon son langage naïf et philosophique, *la Rome bâtarde*, il arriva à Ferrare, fut présenté à la cour d'Alphonse II, et comme il était de gracieuse société, il contribua à rendre plus agréables les fêtes qu'on y célébrait. Déja plusieurs jours s'étaient écoulés, lorsqu'il se rappela qu'un gentilhomme italien, qu'il avait connu en France, et dont il avait gardé d'ineffaçables souvenirs, habitait Ferrare. « Où puis-je le « trouver, demanda-t-il à son hôte? — Je vais « vous conduire à sa demeure, répondit celui-« ci. » Et, après avoir traversé plusieurs rues, ils arrivèrent à un immense bâtiment, tout mélangé d'architecture gothique et sarrazine, dont l'aspect inspirait des idées religieuses et mélancoliques. Il fallait parcourir de vastes cloîtres voûtés en ogives, descendre un assez grand nombre de marches moussues... et le Français se demandait comment il était possible que l'homme brillant d'imagination, l'ami des Muses, dont il avait tant recherché la compagnie, et que Charles IX avait décoré d'un beau collier d'or, eût choisi une semblable habitation?...Bientôt une porte fortement verrouillée cria sur ses gonds, et le spectacle le plus affligeant s'offrit à ses regards... Il était là celui qu'il cherchait, pâle, les yeux hagards et étincelants d'un feu sombre!... Il était là, couvert des vêtements de l'indigence, froissant sous ses doigts amaigris quelques feuilles manuscrites, qu'il cherchait à relire à la lueur d'une lampe déposée sur une table du bois le plus grossier!... Il se plaignait des rigueurs, de l'abandon d'une femme adorée, et de l'ingratitude des princes!...

Or, le gentilhomme français, c'était Michel de Montaigne; le gentilhomme italien, c'était Torquato Tasso; et le lieu qui les réunissait, après quelques années de séparation, l'hôpital de Sainte-Anne!...

« J'eus plus de dépit encore que de compas-
« sion, dit l'auteur des Essais, de le voir à Fer-
« rare en si piteux état, survivant à soi-même,
« mécoignaissant et soi et ses ouvrages. »

Honte éternelle au prince qui, pour venger son orgueil blessé, fit renfermer dans un hospice de fous le poète qui, dans son immortelle *Jérusalem*, lui décerna ce magnifique éloge :

« Tu magnanimo Alfonso!... etc... »

Honte éternelle au poëte courtisan, *Guarini*, qui se joignit à la tourbe obscure de ses vils persécuteurs !... La maison Gualengo, qui appartenait à l'auteur du *Pastor Fido*, et où l'on donna la première représentation de ce drame, existe encore : je n'irai point la visiter.

L'hôpital de Sainte-Anne a été rebâti, mais l'on a conservé religieusement la cellule où le Tasse fut enfermé. Deux inscriptions, l'une extérieure, l'autre intérieure, y ont été gravées. Byron a visité cette cellule, et y a puisé l'inspiration qui brille dans le poëme des *Lamentations du Tasse*.

Après de tels souvenirs, que dirais-je de Renée de France, mariée à Hercule d'Este, qui s'entourait à Ferrare de savants et d'hommes de lettres; dont le palais servait d'asile à Marot, persécuté comme protestant, et dont on conserve plusieurs autographes?... Que dirais-je de la cathédrale, bâtie en croix grecque, ornée de tableaux de grands maîtres, et surtout du martyre de saint Laurent, par le Guerchin ?... Le martyre du Tasse a absorbé toutes mes facultés... Je laisse tomber la plume.

P. Hédouin.

POMPEIA.

L'oubli laisse échapper sa noble prisonnière;
A son réveil magique il ne s'attendait pas;
Pompeia qui dormait s'éveille !... et crie : Arrière !
A ce Temps étonné qu'il manque à sa poussière
    Une empreinte de dix-sept pas.

Pour chercher quels succès, pour venger quels outrages,
Apparais-tu deux fois dans la lutte des âges,
Ainsi qu'un vieux guerrier déroulant son drapeau ?
Allons-nous te revoir dans ta beauté flétrie,
Fantôme de cité fatigué du tombeau,

À quelque nouveau peuple offrir une patrie,
Et des temples déserts à quelque dieu nouveau?

Eh bien ! de tes fils morts respecte la mémoire;
De la ville d'Hercule, ô toi la noble sœur,
Que t'importe un époux !... ton veuvage est ta gloire,
 Et ta ruine est ta grandeur !

Quels fils ont mérité de t'adopter pour mère?
 Des palais qui chargent la terre
Ses maîtres ont donné des fers au peuple-roi.
Sois jalouse aujourd'hui de ta noble misère,
Découvre avec orgueil ce qui reste de toi !

 Montre-nous la salle des fêtes,
Montre-nous tes faisceaux, vieux gages de conquêtes,
 L'arène du gladiateur;
Montre-nous la colonne à la tête abattue
Qui semble regretter son antique hauteur;
L'autel abandonné du sacrificateur,
 Et le piédestal sans statue.

Le deuil du cœur jadis suivait-il l'autre deuil ?
Funéraires palais habités par des ombres,
Qui donc vous éleva ? le regret ou l'orgueil ?
Ah ! laissez transpirer un secret du cercueil ;
Qu'il soit comme une flamme éclairant vos décombres.
Les oracles sacrés dont le mot est perdu,
Pour nous les expliquer où donc est la sibylle ?
Celle qui répondait à la voix de Virgile ?
Elle aussi dort sans doute et n'a pas répondu ?

Eh bien ! sur ces tombeaux évoquons la mémoire ;
Va-t-elle révéler quelques faits éclatants ?
Approchons !... Mais, hélas ! rien que des noms sans gloire
Qui, tels que de vains mots, sont jetés dans l'histoire :
Esclaves de l'oubli, quoique vainqueurs du temps !

Sont-ils, voyant leurs jours fuir comme un sombre rêve,
Descendus dans la tombe en cherchant le réveil ?
Ou touchant une lyre, ou tombant sous le glaive,
Se sont-ils endormis de leur dernier sommeil ?

Ou, donnant à la mort de vains plaisirs pour cause,
Bornant leur existence aux heures du matin,
Se plaignaient-ils du pli d'une feuille de rose,
En fermant la paupière au sortir d'un festin ?

Mlle ÉLISA MERCOEUR.

MILAN.

Un Romain de mes amis, Giuseppo Caccicia, grand déchiffreur de vieilles chartes, grand épousseteur de chroniques, grand dérouleur de palimpsestes et de papyrus, entra chez moi l'autre matin, et me dit qu'il avait la plus violente envie d'aller à Milan pour visiter la Bibliothèque Ambrosienne, où sont déposés tant de livres rares, de manuscrits précieux; il fondait la nécessité de ce voyage sur l'avantage réel qu'il y aurait pour la science, en général, et pour lui, particulièrement, à ce qu'il feuilletât les *Antiquités* de Flavius Josèphe, traduites par Rufin, et écrites sur *papyrus*, lesquelles sont incomplètes, comme on sait, mais dont l'âge effectif embrasse une vénérable période de treize cents années, si ce n'est plus. Le projet de mon savant ami ne m'étonna pas. Je le connaissais dès long-temps prompt à s'enflammer de la sorte sur une première pensée de conquête scientifique et de studieux envahissement. Je le laissai dire. Et quand il eut fini, bien loin de le dissuader de son plan de pélerinage, je l'engageai à faire ses malles le jour même et à partir le lendemain ; ce qu'il fit.

Or, la nuit qui suivit ce départ, je fis un rêve historique et pittoresque, un rêve tel qu'il faudrait, pour vous en donner une idée même approximative et imparfaite, réunir en un faisceau, pour m'en servir à la fois comme d'une plume à triple bec, trois talismans puissants que je n'ai pas, c'est à savoir : le pinceau de Bonington, le burin de Finden ou de Wallis, et la plume d'Hoffmann.

Voici pourtant mon rêve autant qu'il est en moi de vous le raconter :

Il me sembla qu'une puissance, à laquelle nulle force humaine n'était capable de résister, me poussait tantôt sur les traces de mon ami Giuseppo Caccicia, tantôt me faisait prendre les devants sur lui. Nous voyagions de conserve, et tous deux avec une vitesse sans égale : lui, emporté par de bons chevaux de poste; moi, suspendu au-dessus de sa tête, comme le mauvais esprit de l'archevêque, dans la galerie de Saint-Bruno, peinte par Le Sueur. Je ne sais qui me soutenait ainsi en l'air; je ne me sentais frémir au dos, ni les ailes emplumées de l'oiseau, ni les ailes membraneuses de la chauve-souris. Quoi qu'il en soit, je jouissais du privilége tout aérien qu'ont en dormant la plupart de ceux qui rêvent. Je glissais à vingt pieds au-dessus de la rapide chaise de poste de mon ami, comme s'il m'eût été donné de nager ainsi dans l'espace à l'instar des hirondelles, et je réalisais de la sorte en moi ce beau verset de la Genèse, qui nous montre, au commencement, l'esprit de Dieu porté sur les eaux : « *Spiritus Dei ferebatur super aquas.* »

Nous franchîmes, Caccicia et moi, des distances incommensurables. Nous sautâmes par-dessus les Alpes; nous regardâmes Milan du haut du Col de la Traversette, et nous descendîmes dans le Piémont.

Milan! — Avant d'y arriver, et comme nous allions passer à Baveno, je cherchai des yeux, dans la campagne, cette célèbre statue colossale de saint Charles Borromée, qui s'élève à peu de distance d'*Arona*, et que le peuple de Milan érigea au saint, cent trente ans après sa mort. Je l'aperçus au loin, malgré l'obscurité du soir qui descendait autour de nous, comme un rideau, sur toutes les perspectives, et faisait vaciller tous les horizons. C'était une imposante figure de soixante-six pieds d'élévation, supportée par un piédestal de granit, haut lui-même de quarante-six pieds. Je pris mon vol vers la statue, que je trouvai simple et belle d'attitude, et toute en fer, excepté la tête, les pieds et les mains, qui me parurent avoir été coulés en fonte. Comme le saint était creux, j'entrai dans son cerveau par une de ses narines; et après avoir visité toutes les profondeurs de l'édifice vivant, je ressortis par l'œil droit, et je repris ma course aérienne du côté de Milan.

Quand nous arrivâmes, Caccicia et moi, dans cette ville, il faisait nuit close. Les fenêtres des maisons étaient allumées; les citoyens, en assez petit nombre, circulaient et se croisaient dans les rues, marchant d'un air très-peu affairé, comme des gens sûrs d'arriver et peu jaloux de gagner du temps. Les roues de la chaise de poste où était empaqueté mon ami Giuseppo glissèrent alors sans bruit sur deux lignes parallèles de belles dalles plates, disposées à cet effet le long des rues, comme le double liséré rouge sur le ruban bleu de la décoration civique de juillet. Bientôt, pourtant, la machine voyageuse cessa de rouler; Caccicia s'élança violemment hors de la portière, et, d'une voix perçante, appela un guide qui pût le conduire immédiatement et par le plus court chemin à la Bibliothèque Ambrosienne.

« Monsieur, lui répondit un homme du
« peuple assez proprement vêtu, qui s'était
« approché d'un air obséquieux, vous ne pour-
« rez voir que demain la magnifique biblio-
« thèque dont vous parlez. Mais voulez-vous
« me suivre? On joue ce soir *Il Matrimonio*
« *Segretto*, du célèbre Cimarosa, au théâtre
« *della Scala*. La *Carolina* est excellente, et
« notre *Geronimo* vous surprendra. Venez,
« venez. »

Giuseppo, quoique un peu contrarié, se laissa entraîner par son guide; et moi, toujours voletant au-dessus de la tête du bibliophile désappointé, je me trouvai bientôt dans la vaste salle de l'Opéra de Milan.

Bon Dieu! l'épouvantable tumulte, l'étourdissante cohue, l'intarissable cliquetis de voix, de cris, de conversations et d'applaudissements! Je me crus transporté tout-à-coup dans quelque halle du paradis. Cette immense salle bruissait dans toutes ses parties comme une grande fournaise. C'était un mélange inouï de tous les sons, une infernale combinaison de toutes les clameurs. Les portes des loges, étagées sur cinq rangs distincts de trente-cinq loges chacun, allaient et venaient sans interruption, tournant comme les feuillets d'un livre qu'on parcourt avec rapidité, et le parterre retentissait du bruit des talons de bottes qui circulaient dans tous les sens, avec accompagnement d'éperons. Personne ne paraissait s'occuper le moindrement du monde des chanteurs, qui s'exténuaient sur la scène, et de l'orchestre, qui s'évertuait à soutenir les chanteurs. Les loges étaient comme autant de petits salons élégamment meublés et éclairés de bougies, où l'on recevait des visites, où l'on riait aux éclats, où l'on causait à haute voix, où l'on prenait des *sorbetti* et des glaces. Vint un moment pourtant où cette turbulente salle parut écouter. L'*aria* venait de commencer. Toutes les têtes se montrèrent à la fois hors de toutes les loges. Mais elles rentrèrent, l'*aria* fini, et le bruit s'élança de nouveau des loges et du parterre jusqu'aux cintres, entrecoupé cette fois d'exclamations admiratives, telles que celles-ci : « *Viva! Ah! caro!* » ou d'injures sonores, méritées ou non par l'acteur, qui se résumaient presque toutes dans ce cri de fureur moqueuse : « *Ah! va dentro!* » Ces interpellations et ces conversations confuses ne cessèrent pas de gronder et de glapir, étroitement liées les unes aux autres, jusques et passé minuit, heure où, le spectacle terminé, chacun se retira chez soi. Giuseppo regagna l'endroit où il avait laissé sa chaise de poste, et se fit indiquer une hôtellerie. Je le quittai alors, bien décidé à ne pas m'ennuyer cette nuit à son chevet.

Où allai-je? Je ne saurais vous le dire. Il faisait si noir dans la ville qu'en vérité Scaramouche eût paru un fantôme blanc s'il eût glissé contre les murailles de ces maisons si belles mais si sombres, aux abords si riches, aux faîtes si imposants.

Je me trouvai, au point du jour, blotti dans un des coins de la salle mystérieuse où se déploie sur un pan de muraille la *Sainte-Cène* de Leonardo de Vinci. — C'est une salle basse dépendant autrefois du couvent des Dominicains, et qui pleure aujourd'hui d'humidité. Je n'étais venu en un lieu si froid et si malsain que pour compter, par moi-même et d'une manière plus certaine que ne l'ont fait jusqu'à présent les voyageurs, toutes les balles que les hussards de Bonaparte incrustèrent, en 1796, dans la muraille peinte de Leonardo de Vinci, en s'exerçant au pistolet contre notre Seigneur J.-C. et ses apôtres. Je calculai qu'il pouvait bien y avoir une soixantaine de trous.

Et, à ce propos, je me remémorai que Bonaparte, indigné du vandalisme de ses hussards, frappa du pied, jura, se promena, fit un geste de la main qui voulait dire : « *Sortez tous* », et mura brusquement une des portes. — J'ai cru deviner l'endroit où vint frapper le pied du général.

Le soleil lançait déja sur la vieille et superbe *Mediolanum* des jets de lumière éblouissants. Le jour était dans son plein. Je m'élançai hors de mon gîte nocturne, et toujours voletant, j'allai me percher sur le faîte du Grand-Hôpital (*Spedale-Grande*), où règnent si souvent les fièvres pétéchiales contagieuses. Le lieu me déplut. Je repris mon vol et je frisai de mes membranes ichtyales ou de mes ailerons empennés, comme on voudra, la sainte figure en marbre blanc qui surmonte l'aiguille démesurée du *dôme* de Milan. Là se déploya devant mes yeux la plus magnifique étendue de pays qui se puisse voir ou rêver. J'étais élevé de quatre cents pieds au-dessus du sol. J'embrassais du regard toute la ville et les riches plaines qui l'entourent, coupées de rivières et de canaux, tachées çà et là de vignes et de jardins, semées capricieusement de petites cités coquettes aux toits blancs et aux transparentes fumées d'azur. Au-delà, comme un fragment de vieux cadre gothique aux arabesques anguleuses, courait la chaîne des Alpes aux cimes froides, aux redoutables escarpements. Plus loin encore, et pour fermer cet immense horizon sur un ruban de vapeurs dentelées, s'arrondissaient les formes moins âpres et moins heurtées des Apennins, sur lesquelles il semblait que les Alpes se découpassent en noir comme des profils de géants foudroyés.

Ébloui d'un tel spectacle, je ramenai mes regards sur le lieu où j'étais. Une vaste nappe de marbre blanc était tendue au-dessous de moi. C'était le toit de la cathédrale. Éperdu, je me lançai dans l'espace et, le vertige aidant, je me sentis jaillir en mille morceaux, comme une carafe brisée, sur le pavé de la *Piazza del Duomo*. — Je me ramassai du mieux que je pus et, les diverses parties de mon individu suffisamment ressoudées, je courus tout d'une haleine jusqu'au bienheureux moment où il me fut permis de rencontrer presque nez à nez la Bibliothèque Ambrosienne, que je ne cherchais pas.

Là, je trouvai mon ami Caccicia studieusement penché sur les *Antiquités* de Flavius Josèphe, et occupé à détacher de ce vieux texte poudreux quelques vénérables lambeaux de prose microscopique et maculée, dont il accommodait sur son genou, tant bien que mal, les parties incohérentes et bigarrées en forme de notes pour une édition *varietur*, ou de savantes scholies pour l'*illustration* de quelque pédant rapport universitaire à l'occasion de quelque solennelle distribution de prix. A côté de lui gisait l'*in-quarto* ouvert de Lavagnia, revu par le docte Boninus Montbritius, et il semblait que ce volume oublié ainsi à terre y attendît son tour. Je contemplai quelque temps l'attitude préoccupée de mon pauvre ami Giuseppo, et comme il ne me parut pas disposé à en changer de sitôt, je me mis à parcourir la bibliothèque dans tous ses coins et recoins.

Je remarquai sur beaucoup de manuscrits reliés, éclatants de dorures, et fort soigneusement conservés sur des rayons spéciaux, le chiffre impérial *N*, qu'une couronne surmontait. Comme je m'interrogeais sur la raison probable qui me procurait le plaisir de pareille rencontre en pareil lieu, j'entendis parler au-dessous de moi.. C'était le bibliothécaire ou l'un de ses adjoints, qui servait présentement de *cicerone* à un étranger. —
« Monsieur, disait-il, Bonaparte avait envoyé
« d'ici beaucoup de choses à Paris. Ces livres
« que vous voyez, ces tableaux dont les bor-
« dures sont blasonnées à l'initiale de Napo-
« léon, tout cela nous est revenu de la métro-
« pole française qui nous avait dérobé tout

« cela! — C'eût été grand dommage pour Mi-
« lan, si le vol effronté commis en 1796 n'eût
« pas été suivi plus tard d'une aussi éclatante
« restitution. La Bibliothèque Ambrosienne
« eût été privée, dans ce cas, de bien des tré-
« sors qui l'enrichissent et de bien des joyaux
« qui la parent. Il nous eût fallu dire adieu à
« tous nos Carrache, à tous nos Raphaël, à
« tous nos Corrège, à tous nos Rubens. Il
« nous eût fallu renoncer à la possession de
« ces fameux manuscrits de Leonardo Vinci,
« qui, à eux seuls, illustreraient Milan, si
« Milan ne s'illustrait déjà assez d'elle-même
« aux regards éblouis des autres cités de l'u-
« nivers! »

Cette amplification de *cicerone* terminée, notre orateur s'arrêta pour souffler et pour aspirer fortement une copieuse prise de tabac dont il n'avait cessé de menacer son nez depuis le commencement de son panégyrique national.

Ma curiosité fut vivement excitée de ce que je venais d'entendre à propos de Leonardo di Vinci. — Je retournai, pour la satisfaire, auprès de Giuseppo, que je trouvai cette fois plus disposé à endurer une distraction. —

Mais je n'eus pas besoin de solliciter de sa complaisante amitié le moindre petit déplacement. Giuseppo avait, en cet instant, les yeux fixés sur l'un des manuscrits originaux que je cherchais. Je me penchai par-dessus son épaule et je regardai. C'était bien là, en effet, l'écriture petite, uniforme et quelque peu roide du vieux peintre Léonard! Mais ce qui m'étonna singulièrement, ce fut de voir quelques pages de la main de ce grand maître écrites de droite à gauche, comme des cédules cabalistiques ou des versets hébreux. La raison d'une si bizarre disposition graphique m'échappa toujours, quelque effort que je fisse pour lui courir sus. Lassé d'une telle poursuite et sollicité d'ailleurs par mille fantaisies qui éparpillaient mon attention sur mille objets différents, je pinçai fortement l'oreille à mon ami Caccicia, qui se la gratta d'abord, puis se leva, puis sortit avec moi de la bibliothèque en traversant le cabinet d'Histoire naturelle, le cabinet des Médailles et le Jardin botanique.

Nous visitâmes successivement la vieille église de St.-Ambroise, où les empereurs d'Occident ceignaient autrefois la couronne de fer, où fut baptisé St.-Augustin, où se tord encore aujourd'hui le véritable serpent d'Aaron;

L'église de St.-Alexandre-des-Barnabites, au maître-autel tout habillé de lapis-lazuli, de jaspes sanguins et d'agathes orientales, comme le turban d'un calife ou la tiare d'un pape;

Santa-Maria presso San-Celso, dont Adam et Ève gardent éternellement le portail;

Santa-Vittoria, l'église toute en or, dont saint Ambroise refusa autrefois l'entrée à l'empereur Théodose;

L'église de St.-Nazaire, où l'on voit encore le pavé qu'y fit faire Serene, femme de Stilicon, et où dort Trivulce, ce maréchal de France, *qui, de son vivant, n'a jamais dormi:*

« Qui nunquam quievit, quiescit. — Tare ! »

Les seize colonnes du temple d'Hercule, le seul monument romain que la colère du dominateur universel, Frédéric Barberousse, ait laissé debout de toute l'ancienne Milan.

Nous visitâmes le palais et la citadelle hexagone aux six bastions royaux; nous côtoyâmes la *Tisinella*, la *Martesana;* nous nous montrâmes au *Corso* et au *Foro Bonaparte;* nous fîmes quelques tours dans la *Strada Marina* et sur la *Piazza di Mercanti;* et comme, durant tout ce trajet, une sorte de clameur sourde, incessante et confuse, (laquelle, à mon sens, n'était autre que cette grande voix du peuple, *vox populi*, dont on parle tant), nous avertit qu'une grande cérémonie allait avoir lieu dans la cathédrale, pour remercier le ciel de l'abondance des moissons, Giuseppo et moi nous nous mîmes à courir dans la direction du *Dôme*, où nous arrivâmes haletants et trempés de sueur, au bout de quelques minutes de chemin.

Il ne m'avait été donné jusqu'alors de contempler l'édifice prodigieux que du haut de son aiguille élancée au-dessus des nuages, et je n'avais pu en embrasser les détails extérieurs dans un seul coup d'œil, comme à ce moment sublime où, débouchant sur la *Piazza del' Duomo*, je vis se déployer devant moi la magnifique façade, éblouissante et ciselée, découpée à mille facettes, et toute hérissée de statues à son sommet.—Certes, il y a au monde peu de tableaux comme celui-ci!—Quand je la vis monter ainsi jusqu'au ciel qu'elle criblait de toutes ses aiguilles, la féerique et solennelle cathédrale, je me sentis aller à la folie par l'étonnement. Je clignai involontairement la paupière, comme si j'eusse assisté à la transfiguration devinée par Raphaël. Cette église aux cimes blanches, aux pieds noirs, au merveilleux portail curieusement ouvré par le ciseau des grands artistes du temps qui accomplissaient le labeur·sacré sous la double influence de la bénédiction de saint Charles Borromée et du génie du Pellegrin; cette admirable façade où se résument trois grands siècles d'architecture : le quatorzième siècle et le quinzième, représentés par les six jambes étrières de l'édifice vu de front; le seizième, étalé fastueusement sur les murailles intervallaires avec ses pleins-cintres, ses balustres aux fenêtres, et ses tables de marbre à recevoir des inscriptions; ce multiple et imposant ensemble, où la gracieuse renaissance de François Ier — complète l'architecture solennelle du moyen âge; où Napoléon, à son tour, complète François Ier; tout cela, présenté à la fois, dans sa réalité moitié fabuleuse, moitié positive, aux regards éperdus de mon admiration; tout cela me frappa d'une sorte de démence enthousiaste et d'une extatique immobilité. Je ne sortis de cet état de stupeur contemplative que pour entrer dans l'église même, où retentissaient les chants sacrés des fidèles et les mille voix des instruments.

La cathédrale regorgeait de monde et bourdonnait jusque dans ses plus mystérieuses profondeurs. Il y avait beaucoup plus d'hommes que de femmes ; et je remarquai que celles-ci portaient, pour la plupart, leurs cheveux tressés et tournés en spirale à la romaine et retenus par une énorme broche d'argent. Je levai les yeux. Une forêt de colonnes démesurées se prolongea dans tous les sens autour de moi, comme une gigantesque forêt de bambous, et je vis que celles de ces colonnes dont s'entourait la nef, avaient toutes des chapiteaux circulaires et cannelés, avec un saint de marbre dans chaque cannelure, ou dans chaque niche, comme on voudra ; ce qui faisait ressembler ces chapiteaux à autant de bracelets incrustés de pierres précieuses. En regardant aussi loin que possible autour de moi, je ne vis point de chapelles dans les bas-côtés de la cathédrale, ce que j'attribuai à la sévérité du rite ambrosien, long-temps observé dans cette église, et qui ne permettait qu'un autel et qu'un service à la fois, dans chaque temple consacré au Seigneur Dieu. Les nombreux autels placés maintenant aux environs de la nef me parurent n'avoir été ainsi disposés qu'après coup, et lorsque la rigoureuse observation du rite ambrosien se fut tout-à-fait relâchée. Quoi qu'il en soit, les bas-côtés de l'intérieur *del Duomo* doivent, ainsi que plusieurs escaliers intestinaux de l'édifice, et quelques caveaux souterrains, avoir été construits vers la fin du onzième siècle ou au commencement du douzième.

Quant à la nef, quant à ce vaste espace tout pavé d'arabesques et de rosaces en marbres nuancés, tout peuplé de statuettes et de figurines en marbres, échelonnées par myriades, à l'infini, jusqu'aux voûtes de la coupole, suspendue de deux cent cinquante-huit pieds au-dessus des fidèles agenouillés; quant à cette formidable nef, portée par cinquante-deux colonnes de marbre, hautes de quatre-vingt-dix pieds chacune et larges de huit; quant à tout cela, disons-nous, il importe de constater la part immense qu'y ont eue les architectes du quatorzième siècle, ces infatigables ouvriers. Lorsque Giuseppo Caccicia s'arrêta sous ce magnifique dais de sculptures dentelées, pour en contempler les diverses parties avec cette sorte de curiosité religieuse qui ressemble tant à de l'effroi, je me sentis moi-même saisi de crainte, et peu s'en fallut que je ne tombasse la face contre terre, tant le poids de tout ce marbre, amoncelé par tant de siècles, m'écrasait. Je prêtai l'oreille, et j'entendis Giuseppo qui, debout au milieu de la nef, et le front courbé dans la complète immobilité d'une cariatide, murmurait à quelques pas de moi les noms fameux des grands ancêtres de Milan : le nom, entre autres, de ce vieux Giovanni Galeazzo Visconti, lequel fit bâtir les premiers pans de cette merveilleuse cathédrale, et la Chartreuse de Pavie et le pont du Tésin. Je crus voir, à ce nom, toute l'église s'agiter et tourner sur elle-même, comme un bloc de marbre colossal sur le robuste pivot de David ou de Canova. Elle roula ainsi, en grondant sur son axe, jusqu'à ce que le pavé de la nef se dérobant tout-à-coup sous nos pieds, comme une trappe, nous tombâmes, Giuseppo et moi, dans une chapelle souterraine, aux murailles d'argent, toute radieuse de bougies allumées, de diamants incrustés et de cristaux de roche, étalant çà et là leurs radieux panneaux.

Cette chapelle était celle de saint Charles Borromée. Le corps du pieux archevêque était couché dans une châsse d'argent massif, et ses mains jointes tenaient la crosse, et l'auréole d'escarboucles éclairait son visage endormi. Je le regardai long-temps et de près, pour épier s'il ne quitterait pas cette attitude; et comme pas un mouvement, si imperceptible qu'il fût, ne vint à trahir un reste de vie errante sur ce cadavre éblouissant, je me mis à considérer les huit bas-reliefs du fameux orfèvre, Rubuni, lesquels représentent huit actions mémorables de la vie du saint. Durant cette inspection circulaire de la frise souterraine, un chant grave et prolongé se fit jour à travers le soupirail grillé de la voûte, et, s'engouffrant dans la chapelle basse où nous étions, y répandit, dans tous les sens, comme un nuage d'harmonie. C'était la voix de tout Milan agenouillée là-haut dans sa cathédrale, et il semblait que cette grande voix, au lieu de monter jusqu'au couronnement du dôme, descendît, au contraire, et par un étrange esprit de contradiction, jusqu'à nous.

J'aurais bien voulu pouvoir continuer de la sorte un rêve qui me plaisait comme un beau panorama...; mais *husch! husch!* comme dit Bürger, dans la terrible ballade allemande; — *Brrrrrrrr!* comme dit Figaro; — *Ouistle!* comme dit Charles Nodier; — en moins de temps qu'il ne m'en a fallu pour articuler disdinctement ces trois incomparables onomatopées, la sublime vision architecturale s'évanouit, et la face de mon rêve changea.

Oh! oui, elle changea tout-à-fait, et de façon méconnaissable. Je ne vis plus de pierres, je ne vis plus de marbres, je ne vis plus de sculptures et de ciselures éparses et semées confusément par myriades autour de moi. Je ne vis plus le maître-autel tout rayonnant du Sacré-Clou de la Passion; ni le Saint-Barthélemy d'Agrati, ce martyr écorché qui porte sa peau sur son épaule; ni le tombeau du marquis de Marignano, ni la châsse de saint Charles Borromée, ni les bas-reliefs de l'orfèvre Rubuni, ni les tableaux de Federigo Zucaro et de Giulo Cesare Procaccino; — je ne vis plus rien de tout cela. Un groupe d'hommes étranges, d'hommes armés, fit irruption sur le fond paisible et majestueux de ma grande vision, qui disparut. — La procession remplaça le panorama.

C'était d'abord Frédéric Barberousse, l'orgueilleux empereur, qui rêva toute sa vie la domination universelle, comme de nos jours Napoléon rêva l'empire continental ; — Barberousse qui, pour venger l'affront sanglant fait à sa femme par les Milanais, dont l'insolence avait été poussée jusqu'à ce point de prendre l'impératrice et de la promener à rebours sur une mule, assiégea Milan, la contraignit à se rendre à discrétion, puis infligea aux habitants le châtiment ignominieux dont il est parlé dans Rabelais. (1)

« (1) Adoncques, au myllieu du grand Brouet, par son
« ordonnance, le bourreau mist ès membres honteux de
« Thacor (la mule sur laquelle avait été promenée l'impéra-
« trice,) une figue, présens et voyans les citadins captifs :
« puis cria de par l'empereur, à son de trompe, que qui-
« conques d'iceulx vouldroyt la mort esvader, arrachast pu-
« bliquement la figue avecques les dentz, puys la remist en
« son lieu sans ayde des mains. Quiconques en feroit refus
« seroyt sus l'instant pendu et estranglé. Aucuns d'iceulx
« eurent honte et horreur de telle tant abominable amende,
« la postposèrent à la crainte de mort, et furent pendus. Es

C'étaient les trois Visconti :—Uberto, Aliprando, et Giovanni Galeazzo;—le premier qui délivra la ville de Milan d'un effroyable dragon qui la désolait; le second qui tua de sa main le neveu de l'empereur Conrad II, guerrier d'une force et d'une stature extraordinaires; le le troisième enfin, qui fonda la Cathédrale.

Venait après eux François Ier : François Ier tel que l'a peint Titien, jeune, galant et brave, ami des artistes et protecteur des arts; vainqueur des Suisses à Marignan; continuant les projets de Louis XII, et soumettant Milan pour refaire la façade du *Dôme*.

Napoléon fermait la marche. Il examinait avec attention les plans de Carlo Amati et de Giuseppo Zanoja, modernes ouvriers commis par son ordre à l'achèvement de la vieille cathédrale. Il faisait du doigt quelques gestes

---

« aultres la crainte de mort domina sus telle honte. Iceulx,
« après avoir à belles dents tiré la figue, la montroient au
« boye apertement, disans : « *Ecco la fica.*»—(PANTAGRUEL,
liv. IV, chap. XLV.)

Là ne se borna pas la vengeance de Frédéric. Il fit raser Milan, labourer le sol et semer du sel sur le terrain qu'avait occupé la ville.

rares et courts, mais prompts et décisifs, comme sa volonté, lesquels apparemment voulaient dire :

—« On prendra cinq millions à l'Église pour achever cette église. »

On sait que l'ordre fut exécuté de point en point.

Quand la sublime silhouette de Napoléon eût disparu de mon rêve, mon rêve cessa. Je m'éveillai. Trois mois se passèrent, et mon savant ami Caccicia revint d'Italie.

Je l'interrogeai sur son voyage. Il avait tout vu : Naples, Rome, Florence, Vérone, Venise, Milan...

Je l'interrogeai sur Milan.

Ce qu'il me raconta, vous venez de le lire, ou à peu près.

CORDELLIER DELANOUE.

LAC DE COME.

L'ORRIDO DI BELLANO.

Quand, après avoir traversé les montagnes du canton du Tessin, des Grisons et de la Valteline, vous arrivez sur le sommet du Legnone, tout le lac de Côme est sous vos yeux. Aux glaciers et aux rocs décharnés que vous laissez derrière vous a succédé une enceinte de monts et de collines vertes, qui forme le large bassin où le lac se déroule comme un pavillon aux deux pointes flottantes ; votre œil, qui n'est plus ébloui par les neiges éternelles ou assombri par les noires forêts de sapins de la Suisse, se repose sur cette eau bleue qu'entoure un rideau de verdure, et sur les bois de cyprès, de lauriers, d'oliviers, où sont semés les palais de marbre. Vous dites alors, oubliant là les heures de trouble et les lieux où l'on s'agite : — Quelle calme sérénité ! Quelle vie heureuse on doit mener sur ces bords ! — Et vous ne vous rappelez pas que le sang des Guelfes et des Gibelins a rougi ces eaux limpides et qu'elles ont, en 1127, bien plus rouges encore, reflété l'incendie de la ville de Côme, tandis que ses habitants prenaient la fuite sur le lac aux lueurs de l'embrasement. Rappelez-vous cette scène de tumulte devant la paix d'aujourd'hui : vous la sentirez mieux : songez, en admirant cette nappe claire et resserrée où le ciel se répète sans rides, qu'elle a été formée par les fontes bouillonnantes des neiges, et par les torrents tombant en écume après une longue lutte dans les cavités des montagnes. Si vous avez du trouble dans l'ame et de ces dévorantes passions qui font désespérer du repos, consolez-vous alors; vous voyez bien que les bruyantes et fumeuses cascades finissent dans la paix du lac.

Si vous voulez voir de plus près ces ondes

pures, descendez jusqu'à Ripa, et là embarquez-vous dans un bateau glissant sous une élégante voile latine, et le batelier vous fera l'histoire de toutes les *villas*, de toutes les cascades, de toutes les vallées qui s'ouvrent sur le lac. Il vous dira pourquoi les femmes du village de Gravedona, situé au débouché d'une vallée populeuse, s'appellent entre elles *frati*, et en vertu de quel antique vœu elles portent le froc de capucins. Il vous racontera les faits d'armes dont a été témoin le château de Musso, qui couvre la hauteur de ses ruines, et, vis-à-vis, vous montrera l'embouchure du Varrone qui sort de la vallée du même nom, car chaque vallée apporte au lac sa rivière ou son torrent. Puis il s'arrêtera au-dessous de Bellano, que domine de six mille pieds le mont Grigna, et vous serez long-temps d'avance averti que là il y a quelque chose à voir par la lointaine rumeur d'une cascade, rumeur semblable à celle d'un grand coup de vent dans une haute futaie. Cette cascade se nomme l'Orrido di Bellano ; elle est en effet d'une sublime horreur. C'est la Pioverna qui sort précipitamment de la vallée de Sassina, et tombe de 200 pieds de hauteur, par une fente de rocher, dans le lac, où sa chute creuse un profond abîme. Au-dessus de la cascade est un pont suspendu par des chaînes et qui tremble toujours au fracas du torrent.

Ce tableau serait grand et solennel par lui-même, si aux convulsions physiques dont il donne l'éternel spectacle ne se liait le souvenir de profondes convulsions de l'ame qui vinrent s'y apaiser pour toujours.

Voici ce que le batelier m'a raconté, ce que j'avais déja appris à Milan.

Luigia était la veuve d'un grand seigneur du pays qu'elle avait épousé par la volonté de ses parents, et qui mourut de vieillesse quand elle était jeune encore, d'où l'on peut conclure que l'amour, de la part de Luigia du moins, avait été impossible. Son mari avait été bon pour elle; elle avait eu pour lui amitié, bonté et respect, mais de l'amour, point; et pourtant, elle avait besoin d'amour, comme toutes les femmes, comme celles surtout qui naissent sous ce beau ciel, moitié Suisse, moitié Italie. Là, leur berceau est placé entre les rayons ardents du soleil de la Lombardie sous lequel les fruits mûrissent si vite, entre les jours froids et sombres du pays des glaciers, d'où leur vient d'un côté un luxe d'existence qui déborde, de l'autre une pensive et pudique gravité. Or, c'est ce ravissant mélange de l'ardeur entraînante des sens et de la tendresse retenue de l'ame qui fait le plus vif amour, le plus profond et le plus durable. La lutte de cet avide emportement et de cette chaste réserve produit seule la véritable passion, parce que l'un réagit sur l'autre, que l'un et l'autre se tempèrent réciproquement et tout ensemble s'exaltent, de même que le coursier dompté et le cavalier qui le dompte s'animent l'un par l'autre.

Luigia éprouvait cet exquis sentiment d'amour. Ce n'était pas pour son mari, nous l'avons dit, mais pour un jeune seigneur de la noble maison de Serbelloni, nommé Azzo, qui venait de Milan passer tous les étés dans sa magnifique villa, située sur la pointe de Bellagio, à l'endroit où le lac se divise en deux golfes, qui, vus du haut du Legnone, ressemblent aux deux pointes flottantes d'un pavillon. Il avait été reçu avec hospitalité par le mari de Luigia, qui le traitait comme un fils et sans en concevoir, chose rare pour un Italien, mari et vieux, la moindre jalousie : la jeune femme, du reste, se gardait bien de lui en donner l'ombre d'un prétexte; quoiqu'elle fût devenue passionnément amoureuse d'Azzo, elle savait se dompter, parce qu'elle avait un profond sentiment de son devoir et de la reconnaissance qu'elle avait vouée à son vieil époux qui lui avait donné tous ses biens.

Enfin il mourut à Milan. Il y aurait eu hypocrisie de la part de Luigia à montrer une vive et longue douleur : elle le regretta comme elle l'avait aimé, comme un ami dévoué, et se retira dès le commencement du printemps dans sa villa. Quelle était belle sous son voile de deuil ! Ses cheveux noirs se confondaient sur son front avec le crêpe qui le couvrait, et tombaient en riches anneaux sur ses blanches tempes, faisant mieux ressortir l'expression suave et caressante de ses yeux bleus. Des yeux bleus et des cheveux noirs ! les deux beautés : la Suisse et l'Italie toujours.

Plusieurs fois déja Azzo s'était présenté à la villa de Luigia pour la voir, mais elle avait fait répondre qu'elle ne recevait personne : prétexte ! Azzo n'en fut point la dupe. Il avait vu, lui, habitué au monde, qu'elle l'aimait, qu'elle l'aimait éperdûment. Pauvre femme! c'était son premier amour qu'elle lui prodiguait, elle le savait, elle le sentait, elle n'eût pas voulu revoir Azzo : elle en brûlait cependant de désir. Quelque chose d'instinctif, un vague pressentiment qu'il faut admettre, surtout dans les mystérieuses opérations du cœur, l'avertissait tout bas qu'elle n'était pas aimée autant que le méritait son amour, qu'alors il lui fallait le tenir caché, et ne point aller l'exposer à un froid accueil, peut-être au mépris, peut-être au ridicule.

Elle était anéantie dans ces graves réflexions un jour qu'elle se promenait aux environs de Bellano, et perdue dans ses rêveries, elle semblait à peine entendre le tumulte du torrent, elle n'y paraissait pas faire attention ; elle voulait traverser le pont suspendu par des chaînes au-dessus du précipice, et son pied distrait allait se poser sur le vide, quand elle se sentit saisie par le bras. Elle tombait sans ce soutien.

C'était Azzo.

Plus de réflexions, plus de rêveries! tout son amour, comprimé par le devoir, et d'autant plus fort, lui revint dans cet instant d'égarement qui suit la terreur d'un danger auquel on vient d'échapper.

Elle lui devait sa vie, elle la lui donna, et elle espérait que ce serait pour toujours.

Et elle le lui disait d'une voix si tendre, quand ils se promenaient en bateau sur le lac ! Tantôt ils voguaient sur le golfe tranquille, au bout duquel s'agite la petite ville de Lecco sous la montagne dentelée qui la domine; tantôt ils parcouraient l'autre golfe que termine Côme au dôme magnifique et au campanile de marbre de Mandello. Ils admiraient ces blanches villas descendant, au milieu des hauts arbres, sur les bords du lac, où elles se réfléchissent comme dans le plus pur miroir. Tous les bruits étaient beaux pour eux : le rauque murmure des chutes d'eau lointaines, les chants des bateliers, les longs soupirs du cor dans les bois qui ombragent le lac, et quelquefois des concerts sur l'eau ou descendant d'une villa sur la hauteur! tout les touchait au fond du cœur.

Une fois, ils avaient fait une petite excursion dans le val Assina, contrée pittoresque toute de bois, de lacs et de montagnes, située entre les deux golfes. A Canzo, ils eurent un

6.

spectacle attendrissant, le retour des hommes du pays qui vont courir la Suisse, l'Allemagne et même la France, avec des baromètres, des microscopes, des images, des cartes de géographie, et rentrent sur la terre natale avec leur petite fortune. En voyant ces hommes si longtemps absents, ces femmes qui depuis si longtemps les attendaient, Luigia regardait Azzo.

— Qu'ils sont malheureux! Il faut donc absolument qu'ils se séparent?

Elle avait prononcé ces paroles avec un accent si pénétrant, si expressif, qu'Azzo en fut troublé comme si elle lui avait dit : — Oh! nous ne nous séparerons jamais!

Hélas! cela devait pourtant arriver bientôt. L'hiver rappelle à Milan tous les habitants des villes. Azzo y revint, Luigia aussi; mais les plaisirs de la ville, les visites, les fêtes, firent qu'elle ne voyait plus Azzo tous les jours comme sur les bords du lac : elle concevait cet entraînement, parce qu'elle voulait s'expliquer des absences qui la navraient; elle s'en consolait ainsi, et quand il venait, elle oubliait quinze jours dans une heure, un instant.

Les fêtes du carnaval étaient commencées, et Azzo n'avait point paru chez Luigia depuis un mois. Jusqu'alors elle avait été sans inquiétude, parce qu'elle aimait tant qu'elle se faisait illusion et se croyait tout autant aimée ; mais elle apprit certaines choses qui la troublèrent, la rendirent jalouse ; elle prit un déguisement, un masque, et la malheureuse découvrit qu'elle avait une rivale, ou plutôt qu'elle était délaissée pour une autre.

Et pourtant elle ne cessa point de l'aimer, elle ne le pouvait pas : elle ne songea point à se venger sur la femme qu'Azzo aimait à présent, elle était trop douce. Elle se résigna à souffrir, à penser à lui, avec quelque espoir, peut-être ! La passion est à la fois si fière et si humble ! Elle trouvait un bonheur triste et grave à ne pas l'oublier, lui qui l'oubliait si indignement ; et quand revint la belle saison, elle se retira dans sa villa, d'où elle pouvait voir la villa Serbelloni.

Puis elle se livra à de solitaires promenades, et de préférence, du côté de l'Orrido di Bellano. Elle trouvait je ne sais quel charme qui décelait un cœur malade à rester des heures entières sur le pont suspendu, à contempler la profondeur du précipice et à sentir le frêle plancher du pont frissonner sous ses pieds.

Un jour qu'elle était plongée dans ces mornes contemplations, elle entendit dans le lointain deux voix qui s'unissaient, elle en reconnut une ; elle regarda sur le lac et vit s'avancer du côté de Serbelloni, une gondole couverte : c'était de là que venait le chant ; c'était un air qu'elle avait appris avec Azzo.

Elle tomba le front entre ses deux mains appuyées sur le parapet tremblant du pont. Elle resta dans cette posture immobile pendant cinq minutes, releva la tête, et quand elle vit la barque près du précipice, elle se lança dans l'Orrido di Bellano !

Elle tourbillonna long-temps dans l'eau tourmentée et écumante de la cascade ; et enfin, s'enfonça dans le lac avec cette colonne de poussière humide.

Azzo, car c'était lui qui chantait dans la gondole, ouvrait les rideaux pour admirer ce magnifique spectacle, quand Luigia rejaillit du fond de l'abîme avec des vagues d'écume et eut un dernier regard pour lui.

Il s'évanouit dans les bras d'une autre femme.

On disait que le suicide de Luigia fut moins un acte de désespoir que de vengeance. Beaucoup ne le concevront pas ; et dans le salon

où j'ai ente   aconter c   catastrophe,
chacun se ré   sur cette i   étrange. Une
seule femme,   avait gardé e silence jusqu'alors, dévc   on âme da s ce peu de
mots :

« J'ose dire que je comprends cette ven-
« geance qui fut de l'amour et du dévouement
« encore. Elle aimait plus que jamais Azzo,
« et elle l'estima puisqu'elle compta sur ses
« remords pour s enger. Oh! si Azzo eût été
« digne de ce subl me châtiment, il eût voulu
« la sauver pour l adorer comme un être di-
« vin, ou mourir avec elle; mais Azzo se maria
« un mois après, et ce ne fut point avec la
« femme qui était dans la barque. »

Mesdames, pensez à cela quand vous passerez près de l'Orrido di Bellano.

Ernest Fouinet

LES ENFERS DE VIRGILE.

L'enfer de Virgile près de Baies appartient à l'Italie conjecturale et presque chimérique : c'était pour moi un motif de visiter cet enfer ; car j'avoue qu'en voyage j'aime la conjecture, et sur ce point, j'adore les *ciceroni* italiens, si ennuyeux d'ailleurs ; avec eux la conjecture ne manque jamais. Vous êtes en route, vous apercevez une ruine : Qu'est-ce cela ? — Le *cicerone*, sans hésiter, répond : La maison de Cicéron. (Notez qu'ils s'appellent, je crois, *ciceroni*, de l'habitude qu'ils ont de mettre Cicéron partout.) — Et là-bas ? — La maison de Sylla. Elles auraient leurs numéros comme les maisons de Paris, qu'ils ne seraient pas plus sûrs de leur fait. Croyez-en ce que vous voudrez. Mais il faudrait être bien ennemi de la rêverie, qui est le plaisir du chemin, pour ne pas croire, ne fût-ce qu'un moment, que c'est là la maison de Cicéron. Aussi bien, si vous semblez indifférent, le *cicerone* suppose obligeamment que sans doute vous ne connaissez pas Cicéron, et il fait sa notice : Un grand homme, signor, un grand savant ! il tenait son école ici, dans cet endroit, et il savait toutes les langues : le grec, le persan, le français, l'espagnol, l'anglais, et même l'allemand ! (*anche tedesco !*)

Aimant la conjecture, nous résolûmes donc de faire le voyage aux enfers, et nous prîmes pour *cicerone* un petit ouvrage du chanoine *de Sorio*, intitulé : *Voyage d'Énée aux Enfers et à l'Élysée*, selon Virgile.

La veille, partant de Naples pour Pouzzoles, nous avions visité le tombeau de Virgile placé sur une colline près de la grotte de Pausilippe; est-ce le tombeau de Virgile? Il est fort probable que non. C'est un petit *columbarium :* on appelle de ce nom une chambre sépulcrale garnie, comme les colombiers, de petites niches où étaient placées les cendres des morts dans des vases de terre. J'ai vu à Rome, l'année dernière, un *columbarium* qui venait d'être récemment découvert. C'est un monument plutôt singulier que triste. Cette petite chambre, toute garnie de niches pleines de vases de terre cuite, ne donne guère l'idée d'un tombeau; cela ressemble plutôt, Dieu me pardonne, à une boutique d'herboriste ou de pharmacien. Ce qui fait impression dans les restes des morts, c'est ce qu'ils gardent encore de la forme humaine : le squelette, qui est comme la statue de l'homme telle que la mort l'a fait sculpter, le squelette est triste et significatif. Un vase de cendres et d'os calcinés ne dit rien. Il y a, certes, plus de poésie et plus de grandeur dans une tête de mort, dans cette image décharnée de l'humanité, que dans les urnes funéraires. Je me souviens que, dans le *columbarium* de Rome, je tirai de la niche un petit vase de cendres, puis, lisant l'inscription gravée au-dessus de la niche, je vis que je tenais dans mes mains une jeune esclave, une coiffeuse, et qu'elle avait beaucoup de talent dans son état. Dans quelque autre vase était sans doute la maîtresse qu'elle avait coiffée. J'avais besoin que la réflexion me vînt avertir que le contenu de ces vases avait eu forme humaine : Qu'eût-ce été, au contraire, que le squelette? Qu'eût-ce été que les têtes de mort? Je me serais souvenu alors de ces beaux vers de notre vieux Villon, à l'aspect du charnier des Innocents :

>Jadis ces têtes s'inclinaient
>L'une devant l'autre en leur vie!

Le squelette n'ôte rien à la leçon de l'égalité mortuaire, et il fait mieux souvenir de l'homme.

Le *columbarium* était un tombeau de famille où se mettaient aussi les esclaves de la maison. Le *columbarium* de Pausilippe n'est donc pas le tombeau de Virgile, comme nous entendons aujourd'hui un tombeau, et je doute même qu'il y ait eu sa niche sépulcrale.

Notre visite au tombeau de Virgile nous préparait convenablement à visiter son enfer.

Cet enfer, placé près de Baies, à côté de tous les plaisirs et de tous les vices de Rome, est aujourd'hui triste et désert, semé de ruines. Le pays cependant a gardé une mauvaise réputation. Près de la Solfatarre toujours fumante, à côté de Monte-Novo, montagne qui sortit de terre en 1588, sillonnée partout de traces volcaniques, il convient fort à la destination que lui a donnée Virgile. Au moyen âge, les environs de Pouzzoles étaient le lieu, disait-on, d'où Jésus-Christ descendit aux enfers. A Pouzzoles même, dans le jardin de l'évêché, on entendait des voix lamentables, des hurlements affreux, et cela, toute l'année, excepté le jour de la passion et de la résurrection de Notre Seigneur. C'est ainsi que les traditions de l'enfer antique se conservaient en s'accommodant au christianisme, dans ces lieux pleins de la présence des volcans. Rien n'est durable comme les fables, et leur durée tient surtout à leur souplesse à prendre toutes les formes.

Il eût fallu, pour faire régulièrement le voyage du sixième livre de Virgile, aller d'abord débarquer sur la côte de Cumes. C'est là que débarqua Enée.

Et tandem Euboicis Cumarum allabitur oris.

Mais sur cette côte, qui est comme un musée, il est aussi difficile que dans un musée de suivre l'ordre du livret. A droite, à gauche, quelque chose sans cesse appelle l'attention. Comment passer près d'une ruine sans la visiter? Nous fîmes donc quelques excursions au temple de Sérapis, au cirque de Pouzzoles. J'ai vu beaucoup de cirques déja, j'ai vu le Colysée, les arènes de Nîmes, le cirque de Pompéi. Le cirque de Pouzzoles m'a laissé, entre tous, un souvenir particulier.

Ce cirque est aujourd'hui une habitation de paysan. La maison est bâtie contre les murs du cirque, qui fait comme, une sorte de jardin attenant à la maison. Ce jardin est planté de vignes disposées en étages, selon les gradins du cirque. Rien de si riant que cet amphithéâtre de verdure. Les corridors du cirque servent de caves : toute la ruine ainsi est utile. Son dos est chargé de vignes et dans ses flancs on serre le vin. Autrefois, dans cette enceinte il y avait des combats de bêtes féroces et des gladiateurs; aujourd'hui, la vendange est le seul spectacle. Comment s'est fait ce changement ? Qui a aboli les gladiateurs et les cirques anciens? Qui a changé cette arène en joyeux vignoble ? Descendez dans ces caves, autrefois corridors d'une salle de spectacle, vous trouverez dans un coin une chapelle consacrée à saint Janvier et à saint Procule, qui reçurent autrefois le martyre dans ce cirque. N'allez pas plus loin : ce sont ces martyrs qui ont fait que la vigne se récolte aujourd'hui aux lieux où leur sang a coulé.

Dans la chapelle on lit sur le mur le verset suivant : *Quod quæritis non est, et est quod non quærebatur ;* « Ce que vous cherchez n'y « est pas, et ce que vous ne cherchez pas y est. »

Cette inscription nous toucha : non, ce n'était pas saint Janvier et saint Procule que nous cherchions au cirque de Pouzzolles, et c'est eux qui y sont avec la vigne et la vendange, riant témoignage de leur victoire sur le cirque païen ! et ce que nous cherchons, l'antiquité n'y est plus que par le souvenir et par quelques débris que cache la verdure. A Rome, dans le Colysée, je ne sais pas si vous trouverez ce que vous y cherchez, mais ce que vous n'y cherchez pas, la croix chrétienne, croix de bois et toute petite, qu'entourent, comme pour l'accabler, tous ces murs en gradins d'où le peuple criait : *Les chrétiens aux lions !* la croix y est, victorieuse, triomphante, et, s'il faut plus encore, c'est un capucin qui vous sert de guide et vous montre le Colysée : *et est quod non quærebatur!*

Aussi bien, ne nous plaignons pas de trouver souvent ce que nous ne cherchons point. Ce qui est vaut mieux que ce que nous imaginons. Qui ne s'est imaginé la mer, les Alpes, Rome? La mer, c'est-à-dire beaucoup d'eau, beaucoup de bruit, beaucoup de mouvement; les Alpes, c'est-à-dire des montagnes plusieurs fois hautes comme le Calvaire et couvertes de neiges; Rome, c'est-à-dire une espèce de musée d'architecture, des ruines à grand effet; et voilà ce que nous cherchons en partant pour voir la mer, les Alpes, Rome; mais quand nous nous trouvons face à face avec la mer, quand nous sentons sa grâce et son attrait irrésistible, car cette masse de flots a une grâce inexprimable, quand nous la voyons vivre comme un être animé qui a ses mouvements de tendresse et d'épanchement, ses moments de réserve et de colère, quand elle étincelle au soleil et joue de mille manières avec ses rayons; ou bien quand les Alpes se découvrent à nos yeux, de Lausanne ou de Berne, avec leurs étages de forêts, de pâturages et de glaces; quand nous contemplons ce chœur de montagnes toujours pures et fraîches qui s'entre-regardent comme des sœurs, et le soir se renvoient de reflets en reflets les adieux du soleil; quand nous voyons la vie qui anime aussi ces glaces éternelles, vie gigantesque comme celle de l'Océan, mais qui a aussi sa grâce; ou bien, quand à Rome enfin, au Forum, dans cette place où il y a tant de ruines, et d'où la vie ne s'est pas retirée, où les temples servent d'églises, où la roche Tarpéienne est un jardin de maraîcher, nous voyons le passé et le présent vivre pêle-mêle; quand à Rome, mieux que dans les musées, où rien ne vit, où rien ne remue, rien n'enseigne la fuite des ans, où l'antiquité et le temps ne sont qu'une abstraction, la présence des vivants au pied du Capitole avertit les générations qui se sont écoulées, et donne à la date des monuments un relief significatif; certes alors, à la vue de la mer, des Alpes et de Rome, vivantes, animées, et telles que la nature les a faites, notre mer, nos Alpes, et notre Rome de fantaisie, disparaissent et s'effacent : nous trouvons en elles une beauté que nous ne cherchions pas, la beauté de la vie, *et est quod non quærebatur*, la vie que l'imagination et la raison de l'homme oublient toujours de mettre dans leurs inventions, mais que Dieu n'oublie jamais de mettre dans ses œuvres.

Je reviens aux enfers de Virgile.

Le premier endroit que nous visitâmes de l'enfer de Virgile, ce fut le lac Averne. Comme le lac d'Albano près de Rome, l'Averne est le cratère d'un ancien volcan. Mettez un lac au fond du cratère du Vésuve, vous aurez l'image de l'Averne : c'est la même forme d'entonnoir. L'antiquité appelait l'Averne *graveolens*, et les oiseaux, dit Virgile, ne pouvaient voler au-dessus de ces eaux, à cause des exhalaisons pernicieuses qui en émanaient. Aujourd'hui les oiseaux y volent, mais le mauvais air y règne.

Quand Énée fut arrivé au lac Averne, il entra avec la Sibylle dans une caverne qui servait de vestibule aux enfers :

Spelunca alta fuit, vastoque immanis hiatu.

Avant d'y entrer, il fit un sacrifice à Proserpine; puis la terre trembla, et la Sibylle cria à Énée de tirer son épée et de la suivre :

à ces mots, elle se précipita dans l'antre, et il la suivit bravement.

La caverne existe encore à la même place, et elle porte le nom de l'Antre de la Sibylle. Pour y entrer, nous ne fîmes pas de sacrifices, et la terre ne trembla pas. Nous donnâmes un franc au paysan qui nous en ouvrit la porte; car l'enfer est fermé à clef et loué. Puis nous entrâmes. Il faisait très-noir : je me souvins des vers de Virgile :

> Di quibus imperium est animarum umbræque silentes,
> Et Chaos et Phlegethon, loca nocte silentia late,
> Sit mihi fas audita loqui; sit numine vestro
> Pandere res alta terra et caligine mersas.

Je ne violerai guère le secret des choses qui se voient dans ces profondeurs; car nous ne vîmes rien. Malgré les torches qui nous éclairaient, nous allions à tâtons, comme Énée et son guide :

> Ibant obscuri sola sub nocte per umbram.

Après avoir marché pendant quelque temps devant nous, nous tournâmes à droite, et un étroit corridor nous conduisit à plusieurs chambres où l'on nous montra des trous pleins d'eau : c'étaient, dit le *cicerone*, les bains de la Sibylle. — Ah! dis-je, presque machinalement à ce brave homme; il crut que je doutais de la chose. — Si, signor, répondit-il gravement, et voilà, me montrant un autre coin, voilà où elle s'essuyait.

Autrefois on traversait la caverne et on sortait du côté de Baïes. Tel était, dit-on, l'état des lieux avant l'éruption de Monte-Novo. Depuis ce temps il n'y a plus d'issue. Nous revînmes donc sur nos pas et nous laissâmes Énée continuer sa route par l'ancienne issue, vers le Tartare et l'Achéron.

Pour sortir de l'entonnoir de la caverne, il n'y a que deux chemins; l'un qui nous y avait conduits de Pouzzoles, l'autre qui conduit à Cumes. C'est celui-là qu'Énée suivit pour venir à la caverne; c'est celui-là que nous prîmes, et nous arrivâmes au milieu des ruines de Cumes.

C'est à Cumes qu'était le temple d'Apollon et la Sibylle qu'Énée va consulter. Quand nous descendîmes sur la plage, nous reconnûmes aussitôt les lieux. Rien n'est changé : voici le rocher Eubéen, dernier anneau des montagnes

7.

volcaniques qui couvrent toute cette côte jusqu'à Naples ; c'est le même nom encore, *Rocca di Cuma ;* et sur cette roche, à l'endroit où elle touche la mer, voici les ruines du temple d'Apollon.

Arces quibus altus Apollo
Præsidet.

Sous ces ruines la colline est percée de je ne sais combien de grottes qui s'enfoncent dans le rocher. C'est là la retraite de la Sibylle.

.....Horrendæque procul secreta sibyllæ
Antrum immane petit.

C'est là cet antre qui a cent portes et cent issues.

Excisum Euboïcæ latus ingens rupis in antrum,
Quo lati ducunt aditus centum, ostia centum.

Nous entrâmes sur les pas d'Énée. Tout s'y lie avec le temple bâti sur le rocher. Ce sont deux édifices qui tiennent l'un à l'autre. Nous vîmes l'escalier secret qui conduisait la Sibylle au temple. Virgile a peint les lieux comme il les voyait, et non comme ils étaient au temps de son héros. Au temps d'Énée, il n'y avait pas de temple d'Apollon, j'imagine; il y avait seulement une caverne. Les cavernes sont les premiers temples des dieux comme les premières habitations des hommes. Avant le paganisme de Phidias, il y avait un ancien paganisme sombre et sévère, dont les rites se célébraient dans des antres; souvenez-vous de l'antre de Trophonius. Près du lac Albano il y a aussi une grotte qui est, dit-on, le bain de Diane. Ce bain de Diane ressemble à l'antre de la Sibylle de Cumes et à l'antre de la Sibylle près de l'Averne. Ce sont les premiers sanctuaires du culte. Peu à peu les arts ont embelli le culte : ils l'ont tiré des cavernes et lui ont bâti des temples sur le sommet des rochers sous les flancs desquels il se cachait autrefois. Mais le paganisme n'a pas dédaigné ses premières demeures; il a bâti les temples des dieux sur les cavernes de ses Sibylles, liant les deux édifices, comme pour montrer la suite de la même religion. Le christianisme a de même bâti ses églises au-dessus des cryptes où s'étaient célébrés ses premiers mystères, et ça été long-temps l'usage, dans la construction des églises, d'avoir une chapelle souterraine. Il est dans la nature des religions de ne point dédaigner leurs commencements et de se vieillir le plus qu'elles peuvent, sachant que rien n'inspire tant de respect que l'antiquité.

Le temps, en détruisant Cumes et le temple d'Apollon, a rendu à cette plage l'aspect qu'elle avait au temps d'Énée. Elle est déserte et couverte de bois comme au temps des Troyens.

L'antre de la Sibylle, avec ses nombreuses entrées encombrées de broussailles et de débris, est redevenu l'*antrum immane*, l'antre sauvage. A Rome, le temps a rendu aussi à la roche Tarpéienne les bois qui la couvraient au temps du vieil Évandre, et quand on voit les flancs du Palatin où s'ouvrent les voûtes en ruine du palais des Césars, et d'où pendent des arbres et des vignes poussés pêle-mêle, on se figure plus aisément, j'imagine, qu'au temps de la splendeur romaine, que c'était là qu'était la caverne de Cacus.

De la roche de Cumes nous descendîmes vers le lac Fusaro : c'est l'antique Achéron, il est célèbre aujourd'hui par ses bonnes huîtres ; le Fusaro se décharge dans l'Acqua-

Morta : cette Acqua-Morta est le Cocyte. Virgile l'a décrit.

> Turbidus hic cœno vastaque voragine gurges
> Æstuat, atque omnem Cocyto eructat arenam.

De là traversant rapidement le Tartare, nous nous hâtâmes d'arriver aux Champs-Élysées.

Les Champs-Élysées sont aujourd'hui un petit village nommé Sainte-Anne, où il y a bien encore quelques traces des Champs-Élysées de Virgile. Les Champs-Élysées de Virgile sont de beaux vergers et de beaux bois, avec une belle lumière qui jette sur la campagne comme un vêtement de pourpre et un air libre et pur. Sainte-Anne a tout cela : il est bâti sur la colline de Baïes, avec la mer des deux côtés ; tous les champs d'alentour sont plantés de belles vignes suspendues en guirlandes. Une douce chaleur, un ciel pur, une lumière qui empourpre les campagnes, une vue admirable que Virgile a tort de ne point compter parmi les joies de l'Élysée, que faut-il de plus pour le séjour des bienheureux ?

C'est à Sainte-Anne que, selon le chanoine de Sorio, est la porte d'ivoire, la porte par où sortent les Songes, les Chimères, et peut-être aussi les Conjectures. C'est par cette porte d'ivoire que nous sortîmes des enfers, comme fit Énée. En choisissant la porte d'ivoire pour faire sortir son héros, Virgile a voulu faire entendre, dit-on, que la descente d'Énée aux enfers n'était qu'un rêve. Je ne demande pas mieux qu'on croie que notre promenade aussi n'a été qu'une illusion.

Saint-Marc Girardin.

Isola bella, Lac Majeur.

LE LAC MAJEUR.

Accours, mon Héloïse, accours, ma bien-aimée.
Les vents n'agitent plus les flots du Lac Majeur ;
Le nautonier sourit, et sur l'onde calmée
Il appelle en chantant l'étranger voyageur.

L'un près de l'autre assis dans sa longue nacelle,
Partons. De tous nos soirs ce soir est le plus beau.
Partons, et que la voile, en déployant son aile,
Sur ce miroir d'azur vole comme un oiseau.

Penche-toi, batelier, penche-toi sur ta rame :
J'aime à sentir des flots le doux balancement :
Fais jaillir leur écume, et qu'au bruit de leur lame
Dans mon flottant berceau je vogue mollement.

Pâle soleil des nuits, pour remplacer ton frère,
Verse-nous la blancheur d'un jour mystérieux.
Tantôt dans un seul point l'horizon se resserre ;
Tantôt, comme un géant, il grandit sous nos yeux.

Quel contraste ! au penchant de ces vertes collines,
Ici, la vigne en fleurs s'entrelace aux ormeaux ;
Là, ce château désert, tout noirci de ruines,
Joint le deuil de son ombre au sourire des eaux.

Héloïse ! vois-tu se prolonger la chaîne
Des Alpes qui, dans l'air, dressant leurs fronts altiers,
Montrent aux yeux surpris d'un double phénomène
La neige sur leur tête et les fruits sous leurs pieds ?

Vois-tu, près d'Arona, berceau de Boromée,
S'élancer jusqu'aux cieux ce bronze aérien ?
Monument colossal comme sa renommée,
Comme elle il dit au Temps : Sur moi tu ne peux rien.

Sens-tu quels doux parfums l'air embaumé respire ?
Ils viennent de ces bords, voluptueux séjour,
Où Morgane eût placé son fabuleux empire,
Alcine ses jardins, et Calypso sa cour.

Là, de ses pommes d'or l'oranger se couronne;
Là, mûrit le cédrat et verdit le laurier;
Là, les trésors rivaux dont la terre rayonne
Croissent sous le soleil d'un hiver printanier.

Ile qu'on nomme *Belle* entre toutes les îles,
Dans ton sein parfumé recueille deux amants;
Sur l'émail de tes fleurs, sous tes bosquets tranquilles,
Laisse-les s'enivrer de tes enchantements.

Plus près, ma bien-aimée; oui, viens plus près encore;
Viens, ta main dans ma main et ton cœur sur mon cœur.
Approche... Ta beauté qu'un pur rayon colore
Jamais à tant d'éclat n'a joint tant de langueur.

Comme un astre naissant tes lèvres sont vermeilles;
Le ciel dans ton regard aime à se réfléchir,
Et ta voix sait des mots plus doux à mes oreilles
Que le plus doux concert de l'onde et du zéphyr.

Entends-tu soupirer ces blanches tourterelles?
Vois-tu s'unir ce charme et ce lierre amoureux?
Unissons-nous comme eux, et soupirons comme elles.
Leur exemple nous dit : Aimez pour être heureux.

Mais écoute..... L'airain retentit sur la rive;
Il fête une naissance ou déplore un trépas.
Jouissons, dès ce soir : demain sa voix plaintive
Peut sonner une mort que nous n'entendrons pas.

Demain, si du couchant souffle le vent contraire,
Ce beau lac, ce beau ciel, vont perdre leur azur.
Laissons-nous balancer dans la barque légère,
Quand le lac dort paisible et quand le ciel est pur.

Ainsi puissions-nous voir, à l'abri des orages,
Comme ces flots riants tous nos jours s'écouler,
Chacun de nos soleils se coucher sans nuages
Et sur l'aile des vents nos chagrins s'envoler!

Ainsi, quand il faudra descendre au noir rivage,
Puissions-nous tous les deux ensemble y parvenir;
Tous les deux acquitter l'obole du passage,
Et voguer, en chantant, vers un même avenir!

A. Bignan.

Sorrento.

SORRENTE.

Zephyro Surrentum molle salubri.
Sil. Ital. lib. v.

O fortuné séjour! ô champs aimés des cieux!
Que pour jamais foulant vos prés délicieux,
Ne puis-je ici fixer ma course vagabonde,
Et connu de vous seuls, oublier tout le monde!
Boil. Ép. vi.

Du jour que la main invisible, et la seule toute-puissante, s'étendant de l'espace pesa sur notre globe et le fit incliner sur son axe (1), l'Océan, des immenses versants du pôle, descendit sur l'Orient avec l'image et le bruit d'une multitude de montagnes qui crou-

---

(1) Le plan de l'écliptique fait avec celui de l'équateur un angle de 23° 1/2. Si l'écliptique était parallèle à l'équateur, la

lent l'une sur l'autre. La mer se précipitait, laissant à nu des cimes sur lesquelles aujourd'hui courent les nuées, tandis qu'elle enfermait dans son sein des sommets où s'étaient abattus les oiseaux du ciel. Dans cette épouvantable catastrophe, les antédiluviens ont laissé leurs annales funèbres écrites avec leurs os dans les abîmes et sur la crête des monts. Elles sont écrites au front aérien des Alpes et dans les cryptes gypseuses de Montmartre, aux pans des obélisques sans fin qui flanquent la double chaîne des Cordilières, et sous les lourds piliers des carrières de Montrouge. Quand la mer eut entendu pour la seconde fois la voix formidable qui lui dit : « Là, tu te bri-« seras et tu n'iras pas plus loin, » la terre, toute ruisselante d'eau saumâtre, toute verte d'algues et d'herbes marines, toute chatoyante de la nacre et des écailles broyées des poissons, et toute noire, çà et là, des corps

---

terre jouirait d'un printemps perpétuel; il est probable qu'un tel état de choses a dû exister; la Genèse et les poètes ont parlé d'un âge d'or, avant le déluge, où une seule saison régnait sur le globe. Depuis 3,000 ans, au contraire, l'angle de l'écliptique avec l'équateur a diminué à raison d'environ 50" par siècle ; voyez l'astronomie de Delambre et Lalande.

noyés des beêmoth (1), habitants monstrueux des forêts, et des débris des léviathans, que les vagues d'un pôle à l'autre avaient brisés d'écueils en écueils ; la terre alors se répara sous les feux d'un nouvel écliptique, sous un nouveau zodiaque (2), sous de nouvelles étoiles. Le peu qui resta d'hommes, tournant leurs regards d'adoration vers le soleil, qu'un moment ils avaient cru vouloir se retirer dans les profondeurs de l'espace, se rassurèrent, reprirent la joie de la vie; et l'amour, cet autre soleil de l'âme, charma leur solitude et repeupla le monde.

Le majestueux Océan, dans ses récentes limites, continua comme auparavant de briser sur de noirs rescifs, sur des côtes désertes et sauvages. Dans son flux et reflux, il avançait

---

(1) Beêma, en hébreu, signifie une bête, beêmoth en est le pluriel ; il se traduit par le mot éléphant qui, à cause de sa monstruosité, semble une pluralité d'animaux. Léviathan, ou la baleine, vient également des racines chananéennes *levia*, jonction, et de *than*, poisson, comme qui dirait une collection de cétacées, eu égard à sa grosseur.

(2) Lalande, à l'exemple de Tycho, prouva que, dans les Gémeaux, toutes les latitudes boréales ont augmenté, tandis que toutes les latitudes australes ont diminué. La terre a donc un mouvement de bascule sur son axe.

et reculait de même, comme un lion à l'ondoyante crinière en rugissant. Mais Dieu, quand il inclina notre sphère, avait fait à ses eaux, pour le plaisir de l'homme, du côté où l'aurore se lève, au milieu des terres, et bien loin par-delà les monts de Pyrène, un bassin vaste, tranquille, charmant, dans lequel il devait perdre son nom terrible pour y prendre celui, non moins juste que doux, de Méditerranée. Sitôt qu'il entre dans ces rivages, où Hercule a jeté deux colonnes infranchissables, Abyla et Calpé; que Colomb, en dépit du demi-dieu, laissa à l'ouest, à plus de seize cents lieues derrière lui; sitôt qu'il emprisonne ses grandes lames recourbées dans ce détroit qui sépare à peine l'Andalous du Maure de la portée des yeux, ses flots commencent à baisser leurs crêtes écumeuses, ils ressemblent peu à peu aux sillons riants, ouverts par la charrue dans une immense plaine; ils quittent leur couleur verte et sombre, qu'ils empruntèrent aux forêts sous-marines et aux sapins de leurs plages incultes, pour réfléchir, en roulant sur le corail, le bel azur du ciel d'Orient; c'est alors qu'ils prennent le nom de Méditerranée.

Les vagues de cette mer magique ne battent point, mais caressent avec amour des bords festonnés de caps verdoyants, de cités opulentes et rieuses, de villas embaumées, de palais de marbre, de vieux temples des dieux déchus, de chapelles allumées comme des phares, de madones aux colliers de perles, d'églises aux cloches bourdonnantes, de couvents aux blanches murailles : ajoutez à cela des grenadiers, des orangers, des peupliers blancs, des cédrats, des vignes, et leurs grappes noires se mirant dans cette mer bleue et polie. O vieil Océan! dévorateur de flottes, d'hommes et de trésors, je te laisse à ces génies infortunés battus des ouragans du cœur; tes hurlements leur plaisent; pour moi, ma mélancolie a besoin du tranquille spectacle de cette mer populeuse de l'Adriatique, et surtout de tes golfes joyeux, antique mer de Tyrrhène, à laquelle Circé a donné le nom de son fils; aussi l'Enchanteresse a-t-elle jeté un charme indicible au fond de tes flots!

C'est là, quand l'aube commençait à colorer d'une teinte de rose le couvent des Camaldules, et à percer de sa lueur la fumée perpétuellement flottante sur le Vésuve, qu'une brise fraîche et embaumée fit glisser, ses quatre voiles latines ouvertes, ma petite caravelle (1) jusque sous les roches célèbres de Prénusse, aujourd'hui Punta della Campanella. Je laissai mon humble navire se bercer et gémir sur ses ancres, et gravis lentement le promontoire, rêvant à tant de siècles différents passés sur ces flots, qui sont toujours les mêmes; à ces temps incroyables d'Ulysse, de Circé, des sirènes, de la sibylle, dont ils furent le magique théâtre, et je me disais : « Non, non, tout « cela n'est point imposture; tant d'illustres « poëmes, tant d'histoires, tant de monuments « n'ont point menti. » Et je rêvais toujours délicieusement; mon ame se plongeait tout entière dans ces radieux nuages des temps évanouis; je voyais derrière eux surgir vivantes ces figures si variées des dieux, des déesses et des héros : tous les prestiges de la religion d'Homère m'environnaient dans ce lieu; j'y lisais, écrite sur les caps, sur les îles, sur les vagues, dans les grottes, une partie de sa riante *Odyssée*; et, insensiblement, mes vieux cha-

---

(1) Une caravelle est un petit bâtiment de forme ronde portant quatre voiles latines.

grins s'effaçaient dans mon ame, comme un noir brouillard aux rayons du midi.

C'est avec ce ravissement que j'entrai dans Sorrente par sa grande rue pavée de laves : cette ville n'a rien en soi de bien remarquable; elle laisse à la moderne et voluptueuse Parthénope ses théâtres, ses palais de marbre, ses tableaux au-dessus de l'or des rois, ses jeunes et belles femmes qui se couvrent à demi le visage d'une mante de soie noire, bordée d'une large dentelle, que percent les rayons d'une prunelle de jais passionnée comme leur ame; elle lui laisse ses hommes qui chantent comme des séraphins, et ses bouffons inimitables qui, avec leurs tambourins, leurs castagnettes et leur colascino (1), amassent autour d'eux les lazzaroni, qui oublient qu'ils ont faim. Sorrente n'a point tout cela; mais en revanche son site est le plus délicieux, le plus suave, le plus pittoresque, le plus harmonieux qu'il y ait dans l'univers.

Là, toute la côte est crénelée de roches noirâtres que la vague assiége et blanchit inces-

(1) C'est un instrument au manche allongé, monté de deux cordes.

samment d'écume. Derrière ces blocs volcaniques s'étend un sol boursoufflé d'alluvions que les habitants du pays nomment Piano di Sorrento, et que met à l'abri des vents du nord-est un admirable amphithéâtre de monts groupés les uns sur les autres. Ces roches et ces montagnes forment, à l'extrémité de la baie si paisible et si riante de Naples, un haut promontoire dans la mer de Tyrrhène; sur sa croupe est bâtie cette Sorrente, qui trouva son site si beau et si ravissant que depuis trente siècles elle n'a pas voulu en changer. De la cime de ce promontoire jusqu'au pied de la vague, des villas charmantes se détachent en blanc parmi les feuillages des orangers et des citronniers, et dans les pampres des vignes, ainsi que ces grosses pommes, délices des yeux aux champs de Neustrie, pendantes çà et là dans un arbre immense et verdoyant.

Tout est serein, tout est calme, tout est bleu, et le flot et le ciel, autour de cette petite ville, qu'on peut comparer, vue de la mer, à un nid de colombes. Ses brises sont embaumées; aussi, un vers de Silius la nomme-t-il la tiède retraite des zéphyrs. Elle n'envie point à sa sœur puînée, à Naples la voluptueuse, ni les airs de son théâtre, ni les chants séraphiques de ses églises; le concert naturel de ses mille cascades et de ses sources murmurantes la berce nuit et jour, depuis trois mille ans, dans sa monotone et éternelle félicité. Elle a pour les anachorètes, pour les ames blessées de grandes douleurs, pour les proscrits et surtout pour les amants, des grottes souterraines, sinueuses et profondes, des bois sombres et frais. Ce beau promontoire est appuyé comme la tour d'une cathédrale sur ces arcades de grottes que la nature et les feux sous-marins ont creusées sous ses flancs jusqu'au nombre de trente-quatre. Il y en a qui n'ont pas moins de deux cent vingt palmes de long sur cinquante de large. Là, sans doute, des pirates ont caché des jeunes filles ravies, ont enfoui leurs sanglants trésors; là, sans doute, on a conspiré, aimé, poignardé, tant ces lieux romantiques semblent faits pour toutes les passions !

Le soleil, alors aux deux tiers de sa course, illuminait de ses rayons, semblables à un incendie, la crête occidentale des Apennins, tandis que, plus doux à l'Orient, il se reflétait en longues lames d'or dans le miroir poli de la baie de Naples, sur laquelle les barques des pêcheurs balançaient mollement, comme une troupe de cygnes, leurs blanches voiles balonnées par la brise. La lune à l'autre bout de l'horizon bientôt se leva ronde, pâle, légèrement argentée, sur les îles de la Grèce; visible à peine dans le bleu du ciel, elle semblait déja avoir dépassé les sommets de sa chère Délos.

J'étais assis sur la plus haute roche du promontoire, la mer devant moi, les yeux tantôt errants sur les flots, tantôt attachés sur un Homère, mon antique et inséparable ami, le seul qui, avec Moïse, Virgile et Horace, ne m'ait point abandonné, le seul qui m'ait consolé! J'en déclamai quelques vers dont, ô profane! mon larynx tout gaulois faussait l'ineffable harmonie, malgré mon oreille musicienne, et cela aux mêmes lieux qu'Ulysse et Circé, doués de la plus douce voix qu'il y eût alors au monde, avaient charmés des accords du plus bel idiome qu'eussent jamais parlé les hommes. Justement ce passage était celui-ci de l'Odyssée, lorsque l'Enchanteresse signale à son amant les dangers qu'il va courir : —
« Tu toucheras d'abord, dit-elle, au séjour des

« Sirènes qui séduisent tous les mortels qui
« s'en approchent; malheur à l'imprudent qui
« passe trop près d'elles et qui prête l'oreille à
« leur voix! jamais son épouse, jamais ses en-
« fants bégayant encore, tout pleins de joie à
« son retour, ne le presseront dans leurs bras:
« c'est du sein d'une prairie où elles demeu-
« rent qu'elles font ouïr leurs chants délec-
« tables. »

Là, je fermai ce divin livre et promenai au loin mes regards sur cette mer jadis toute pleine des féeries phénicienne, grecque et latine, et dont la vague qui meurt plaintive sur les grèves est encore une musique enchantée : puis ravivant dans ma mémoire tous les magiques souvenirs de mes premières études sur l'antiquité, je cherchai à l'extrémité de la baie de Naples, à l'ouest, l'île de Procida, et à demi-lieue d'elle, Ischia, l'ancienne Inarime avec ses roches inaccessibles, et ses horribles cavernes nommées le Crémate, d'où Typhée jette encore une fumée épaisse: deux îles que, de temps immémorial, des convulsions volcaniques ont déchirées de la côte. L'une d'elles, Ischia, en 1301 vomit tant de flammes sulfureuses qu'elle désola tout le pays aux environs jusqu'à trois milles. C'est avec raison que les anciens appelaient cette plage de l'Italie, *Campi phlegræi*, champs de feu.

Je ne reconnus point non plus sans émotion, à la pointe du golfe, le cap Misène, me ressouvenant que dans ma sensible enfance je ne pouvais m'empêcher, en lisant l'Énéide, de donner quelques larmes à ce pauvre trompette d'Énée, ravi par les Parques dans toute la force de son talent. Plus chanceux peut-être que quelques-uns de nos généraux, son nom âgé de trois mille ans, grâce à Virgile et à la piété de son chef, vivra sans doute encore que le cap où il repose aura été rongé par la vague! Heureux temps où les morts étaient ainsi vénérés, où ils trouvaient des poètes divins qui les sauvaient avec eux du noir oubli! Je reportai mes regards vers Procida, je cherchai dans ses environs les îles des Sirènes, je les reconnus toutes : ce sont huit îlots, ou plutôt huit roches appelées Sirénuses, qu'on dit avoir été le séjour de ces filles artificieuses du fleuve Achéloüs. Dans leur caprice elles quittaient souvent ces écueils pour venir se poster, belles, ravissantes, le sein nu, leurs ailes bleu de mer abaissées jusqu'à la ceinture ainsi qu'un voile, sur les pointes de Prénusse, leur promontoire de prédilection. De là leurs perçants regards pouvaient plonger jusque dans la mer Ionienne, et y voir plus facilement voguer et s'avancer leur proie. C'est de là que de joie battant des ailes, elles aperçurent venir la nef des Argonautes; mais ce fut en vain qu'elles convoitèrent ce mystérieux équipage dont le dernier des matelots était un fils de roi, dont les mâts étaient doués de la voix humaine : en passant sous leurs roches, Orphée, assis sur la poupe, fit ouïr sa lyre inimitable, et les Sirènes furent vaincues. Quelle mélodie sans exemple ont entendue cette mer et ces îles, la lyre d'Orphée et la voix des Sirènes! Contrée aimée des cieux, leurs suaves échos se sont prolongés sur tes plages, tu seras à jamais la reine des tendres airs! Ce seul souvenir des Sirènes jetait dans moi un charme pareil à celui dont elles enchaînaient les étrangers sous leurs roches inaccessibles, jugez de ce que dut être la réalité! De peur d'oublier la France, comme Ulysse sa chère Ithaque, vrai hérisson de pierres au sein des flots, en place de cire, dont le fils de Laërte se boucha les oreilles, j'appelai à mon secours la froide érudition pour pénétrer dans la véritable origine de ces Enchanteresses.

Je négligeai la source grecque où l'on a puisé le mot *seira*, *chaîne*, comme leur plus pure étymologie. Je savais que les Phéniciens, long-temps avant Cadmus le Chananéen et l'Égyptien Cécrops avaient sillonné de leurs vaisseaux toutes les mers de la Grèce; qu'avant Apollon même ils avaient habité Délos; qu'ils ont laissé des traces de leur langue dans presque toutes les îles, et presque sur toutes les côtes de la Méditerranée; que Cyrné, où Napoléon vit le jour, fut une de leurs colonies, et que les superstitieux Étrusques ont été le premier peuple de toute l'Hespérie, chez lequel ils transplantèrent leur culte, leurs arts et leur divination.

Comme les vaisseaux effilés et élégants de cette nation voyageuse, que ne pouvaient suivre les lourds baris (1) du Nil, en glissant sur les belles eaux de la mer de Tyrrhène, laissaient voir, sur leurs poupes peintes et do-

---

(1) Les vaisseaux des Perses et des Égyptiens s'appelaient *baris*. Eschyle et Properce les nomment ainsi, chacun dans un de leurs vers.

rées, des figures de jeunes femmes avec des ailes, attributs affectés aux divinités d'Orient, aux sphinx d'Égypte, ainsi qu'aux chérubins de la Judée; et comme ces hardis et pieux navigateurs ne s'embarquaient pas sans une ravissante musique, tant pour charmer les ennuis d'une longue course que pour remercier les dieux après la tempête, les peuples de la crédule OEnotrie prirent ces images de cèdre et de sapin pour de divines cantatrices, habitantes des eaux. Ils les nommèrent Sirènes, parce qu'ayant retenu quelques mots de chananéen des matelots de Tyr et de Sidon, ils savaient que *sir* (1) en cette langue signifie *chant*.

Ainsi donc, l'imagination emportée par mon étymologie rien moins qu'au temps d'Abraham et de Jacob, et trouvant, quoi qu'en dise le siècle, que l'érudition est aussi une admirable poésie, je ramenai mes regards à mes pieds, sur le promontoire de Sorrente. Cette ville, me disais-je, est cependant la contemporaine, quant à sa fondation, de Lisbonne,

---

(1) *Schir Aschirim*, Cantique des cantiques, est le titre de cette pastorale naïve ou mystique, cette rose de Sâron que Voltaire a décolorée par son esprit.

autrefois Ulyssipo, comme l'appelle partout le Camoëns dans ses vers; c'est Ulysse-roi, guerrier, orateur, enfin c'est Ulysse-Homère, comme le nomme M. Le Chevalier (1), qui les bâtit toutes deux. Toutes deux datent du règne infortuné de Priam; toutes deux ont traversé trente siècles avec des destinées bien différentes : l'une héroïque, pleine de flottes aventureuses; l'autre inaperçue, sans éclat dans l'histoire, seulement la paisible admiration des *tourists* (2). Aussi son fondateur l'avait-il reculée haut sur la croupe de la montagne; aussi l'accompagna-t-il d'un temple magnifique consacré à Minerve, à la déesse des sages, comme une sentinelle qui, veillant sur cette ville charmante, la fermât à jamais à toutes les folies politiques qui minent grandes et petites cités.

---

(1) M. Le Chevalier, à qui nous devons un voyage de la Troade, dont le style pur et harmonieux est un écho de celui de Fénelon, dans un dernier ouvrage intitulé *Constantin Koliadès*, apporte des preuves si spécieuses sur ce que l'auteur de l'Iliade et de l'Odyssée n'est autre qu'Ulysse, que les érudits les plus récalcitrants sont dans l'indécision.

(2) Les Anglais appellent ainsi ces curieux qui courent l'Europe.

On ne sait, aux temps héroïques, quel nom portait Sorrente, que, depuis, les Latins appelèrent Surrentum, comme on le voit par leurs auteurs, entre autres, Pline, Martial et Ovide, unanimes à vanter l'excellence de ses vins, aujourd'hui dégénérés. Toutefois, dans Surrentum, il y a un écho lointain du nom grec des Sirènes, auxquelles, du reste, quelques auteurs attribuent sa fondation. Qui sait si cette petite ville de Minerve ne verra point, l'une après l'autre, s'effacer les puissances de la terre? Amalfi, sa voisine, la fière, la républicaine Amalfi, tombée depuis plus de sept cents ans avec ses tours et ses ducs, n'est plus une ville que dans l'histoire. En 1075, elle était encore redoutable; en 1133, Lothaire en avait fait un monceau de cendres.

Tout est prodige, tout est silence, et tout est bruit autour de Sorrente; au nord, gronde le Vésuve, et sur la côte sont Stabia, Herculanum et Pompéi, cette cité des morts qui, depuis Titus, brille de toute sa splendeur, à l'abri des conquérants, dans les entrailles de la terre, avec ses temples debout, ses colonnes corinthiennes sur leurs bases, ses cirques fournis de tigres et de lions, ses matrones parées sur leurs siéges, et ses bains fréquentés des baigneurs. Au midi, à la pointe du promontoire, à quelque distance des flots, surgit l'île de Caprée, môle naturel rompant les vagues et les vents. Des nuées volantes de cailles qui émigrent, promènent de légères ombres sur ses roches, et sur le clocher de Capri, sa ville unique, le siége d'un évêché, comme Sorrente l'est d'un archevêché. Son évêque porte le surnom modeste d'évêque des Cailles, titre bien digne de la simplicité évangélique, si toutefois il n'est point donné par dérision.

On voit çà et là, sur Caprée, de belles ruines, que l'on croit être les débris du palais de Tibère, dont la riche architecture s'étendait sur la croupe septentrionale de la montagne, et dominait la mer comme son tyran dominait le monde; le sombre empereur y mourut au sein de ce qu'il appelait ses délices, des orgies et du sang, après sept années de séjour. Là, sans doute, parmi les rocailles, il y a des os de consuls égorgés, de femmes violées, d'enfants outragés, de proscrits torturés, comme ailleurs des squelettes de poissons. Sur cette roche furent aussi exilés, par Commode, Lucine et Crispine : la première, sœur; la seconde, femme de cet empereur. S'il faut en croire Tacite, des Grecs, des Téléboens auraient autrefois habité cette île; ce qui semblerait le confirmer, c'est qu'encore, à Sorrente, des familles grecques demeurent sous le même toit, et vivent en commun avec une simplicité de mœurs digne des temps d'Hésiode.

Le soleil, prolongeant un dernier rayon d'amour sur le tombeau de Virgile, un rayon tendre comme était le regard du poète, doux et beau comme était son visage, disparut tout entier derrière le Pausilippo. La mer bleue, qui réfléchissait la lune et les étoiles, formait un second ciel à mes pieds : ces deux lunes au firmament et dans les flots, ces constellations scintillantes, doublées par le miroir des ondes, semblaient ces fêtes nocturnes données par les fées, et que nous ne voyons qu'en rêve.

Depuis une heure la nuit était tombée; de loin, à la pointe d'une roche, j'entrevis une ombre d'homme portant une longue perche, à l'extrémité de laquelle le vent faisait flotter comme un grand capuchon à jour, car les étoiles brillaient à travers; l'ombre avançait et marchait droit à moi. Le fantôme était tout simplement un pêcheur, son filet sur l'épaule. Bonne nuit, pescatore, lui criai-je. — Grand merci, signore, répliqua-t-il gaîment ; Sorrento n'est pas loin, mais si vous êtes étranger, comme à votre accent vous paraissez l'être, signore... — Eh bien ! où veux-tu en venir, brave homme ? — Eh bien ! je voulais en venir, signore, à ce que ces roches sont bien dangereuses quand le soleil est couché ; et à moins que vous ne vouliez que je vous repêche demain dans une de nos cascades... — Je t'entends, bon pêcheur ; et je lui mis dans la main un ducat qu'il refusa, mais qu'il prit. Veux-tu être mon guide jusqu'à la porte de Sorrento ? — Si, signore, si, signore, cria-t-il d'une voix si forte qu'elle effaroucha les hirondelles et les mouettes qui dormaient dans les fentes des rochers ; et nous marchâmes au clair de la lune qui, donnant en plein sur mon guide, me laissa voir une de ces belles figures d'apôtre, mâle et hâlée, que Raphaël eût placée dans sa *Pêche miraculeuse*.

— *O città di Dio !* s'écriait, à mesure que nous avancions, mon conducteur ; *o città di Dio !* — Ami, lui dis-je, n'aurais-tu pas été moine? Aurais-tu lu saint Augustin (1)? Le pêcheur se prit à rire aux éclats de ma question, dont il ne saisissait pas le sens. — Je veux dire, signore, que Sorrento est la *vera città di Dio*, la ville par *excellenza*. Dans quels filets du monde pêche-t-on de plus beaux poissons? Où cueille-t-on de plus beaux fruits? Ses citrons, ses oranges, ses cédrats, ses raisins seraient la nourriture des anges, si les anges mangeaient. Et ses vins, ses vins qui me rendent plus heureux qu'un duc, ses vins qui me font oublier que je suis un *povero pescatore!* Et cette paix dont nous jouissons, cette paix qui n'est interrompue que par le bruit des chansons, de la brise et des vagues! O Sorrento! *o città di Dio!* — O bon pêcheur, lui dis-je tout ému de sa félicité, puissé-je dans ce divin séjour, au pied de ta cabane, sous tes cieux aimés du soleil, couler ce qui me reste de ma vie, et disparaître, oubliant des hommes qui m'ont oublié!

---

(1) Le plus bel ouvrage de saint Augustin est sans contredit *la Cité de Dieu*, qu'il composa après le saccage de Rome par Alaric. C'est une comparaison enchanteresse de la paix de l'église céleste, avec les agitations et les persécutions de l'église de ce monde.

Nous avions atteint la porte principale de Sorrente ; là, je donnai rendez-vous à mon guide pour le lendemain au lever de l'aurore.

Fatigué de mes excursions de la veille, je dormis ma nuit plus que pleine; car, lorsque je m'éveillai, je vis déja le soleil à l'Orient, séparant d'une barre de feu le ciel d'avec la mer, qui scintillait comme des millions d'émeraudes, parmi lesquelles grossissaient insensiblement, à de longues distances l'un de l'autre, plusieurs navires qui cinglaient sur Naples à toutes voiles. Je me rendis à la porte de Sorrente. Andréa m'y attendait ; il me conduisit au bord de la baie ; et là, arrivés devant une rangée de belles villas qui formaient un riant cordon le long de la côte : — La voilà ! s'écria-t-il sautant de joie, et me montrant une d'entre elles ; la voilà ! et ce fut tout ce qu'Andréa savait du Tasso dont il chantait les vers ! Je secouai la tête, et me dis en considérant le style moderne de l'architecture de cette villa : « O infortuné poète ! cette maison ne peut être la tienne ; tout dans ton existence ne fut que tempête ; la vague, d'accord avec ta destinée, minait déja les murs de la chambre où tu naquis, elle les a depuis long-temps effacés ;

elle en a ravi la moindre pierre à la vénération des ames aimantes, image des malheurs qui ont battu ta vie ! » J'étais enseveli dans ces pensées, lorsqu'une exclamation d'Andréa, qui ne parlait qu'ainsi, vint m'en tirer. — Oui, répéta-t-il, la voilà cette *divina mansione* de notre poète, de celui dont les vers font aller nos rames, aplanissent le flot sous nos barques, et font voler nos voiles plus vite que les oiseaux.

Puis Andréa se tut, et moi j'embrassai alors de mon regard cette côte paisible, dont le soleil sortant des eaux colorait admirablement tous les paysages. — De cette roche foudroyée le mélancolique Salvator avait conçu un de ses sujets bizarres; sur cette lave noirâtre et polie, le sourcil froncé, sa palette à la main, s'était assis le sombre Caravaggio, et non loin, le sévère Spagnoletto; dans cette riante touffe de bois avait rêvé le Domenichino; en ce coin du ciel, le suave Guido avait vu passer les belles figures de ses madones. Durant cette contemplation je ne pus m'empêcher de sourire d'Andréa qui, dans la même posture, était resté les yeux attachés sur mes lèvres. — Oui, mon cher Andréa, lui dis-je, le Tasso, le dieu de la poésie, que tu penses avoir été plus heureux qu'un duc, naquit, comme tu le sais, à Sorrento. Ce fut le 11 mars 1544 que Bernardo y reçut dans ses bras cet immortel enfant que venait de lui donner sa femme, bonne et belle, dit-on, comme les anges ; il le surnomma Torquato ; il mourut bien jeune, ô bon Andréa! Les hommes sont comme ces coquillages que nous contemplions sur tes grèves et que nous ne voyons plus un instant après ; le flot les a emportés dans l'abîme pendant que nous avons tourné la tête!!!

— « *O infelice Tasso !!...* » s'écria le pêcheur. Et nous nous éloignâmes, lui retournant à ses filets, et moi, à mes rêveries !

Denne-Baron.

FLORENCE.

L'APPROCHE de la ville de Médicis s'annonce par les parfums dont l'air est imprégné; le conducteur crie Florence! comme le croisé criait Jérusalem! en vous montrant, derrière la nappe d'eau bleuâtre de l'Arno, une tour dont l'ombre s'étend en vêtement funèbre sur un demi-cercle d'édifices. C'est le Campanille de Giotto, qu'Ange Politien a chanté dans la langue de Virgile et dans la langue d'Homère; que Pisano, Aretino, Donatello, enrichirent de bas-reliefs et de statues qu'on croirait dérobés à la Grèce antique; ce Campanille, la joie et l'orgueil du Florentin. C'est beau comme le Campanille de Giotto, s'écrie-t-il devant un tableau de Bufalmaco, devant une statue de

Margaritonè, à la dernière note d'une ouverture de Paësiello ! Il anime son expression de tout le feu de ses regards ; vous l'entendez sans qu'il parle. Souvent il oublie les mots ; ses paroles s'arrêtent sur ses lèvres, il faut les deviner ou les interpréter. Le Campanille est isolé ; ses revêtements de marbre grisâtre et poli comme du cristal, ne peuvent être contemplés au soleil ; l'œil risquerait d'être ébloui. Il faut aller les considérer le soir par un temps humide. A la lueur des étoiles vous apercevez quelques fleurs sauvages qui croissent et se multiplient dans les interstices du marbre. Sur de frêles rameaux sont suspendues de ces lucioles qui s'attachent ordinairement aux glaïeuls, et dont les anneaux brillants ressemblent à des diamants fixés sur la pierre vive ; le moindre souffle des vents agite ces fleurs débiles, et le Campanille paraît se balancer dans un cercle mouvant de lumière.

L'esprit est étonné et humilié tout à la fois. Voilà cet édifice qui coûta près d'un siècle de travail ; pour l'élever on viola les tombeaux, on déroba le denier de la veuve ; c'est le prix des larmes, du sang peut-être ; et un ver de terre, tôt ou tard, renversera cette création de Giotto, cette œuvre de magnificence et d'iniquité !

Dans toutes les villes d'Italie il règne un silence lugubre, semblable à celui des tombeaux ou des lieux saints. Ces belles rues, éclairées par la plus douce lumière, enveloppées d'une atmosphère suave, parfumées comme des jardins, et maintenant tristes et délaissées, rappellent ces rues de Sion, qui pleurent parce que personne n'assiste plus à ses solennités. Les solennités de l'Italie sont finies, et jusqu'au souvenir s'en est éteint; mais à Florence le souvenir dure encore. Au milieu de ces révolutions qui passèrent sur les peuples et sur la terre d'Italie, comme les sorcières de Macbeth sur les bruyères pour les flétrir et les souiller, seul le Florentin a conservé l'empreinte de son primitif caractère; il est jaloux et fier comme au jour de sa gloire. Cet œil sauvage et sanglant, ces lèvres toujours en mouvement, ce sourire amer et bruyant, cette marche précipitée, ces attitudes inégales, cette couleur tranchante de vêtement, appartiennent à l'homme du seizième siècle, qui changeait de lois, de gouvernement, de magistrats, de constitutions plusieurs fois dans la journée : esclave au lever du soleil, rebelle au milieu de sa course, au crépuscule du soir jetant de la boue sur le maître qu'il s'était donné, quand cet astre se cachait dans les eaux de l'Arno.

Il faut gravir la colline du midi pour admirer ces belles lignes de l'horizon, que le Lorrain ne revoyait jamais sans une extase nouvelle, et aspirer cette vapeur qui s'élève des eaux du fleuve, et qui, traversant des champs de fleurs, va se répandre en nuages odorants sur la cité, semblables à ceux où le maître des dieux se cachait pour descendre sur la terre. Comme il est animé ce cercle de campagnes qui se dessine si harmonieusement autour de Florence ! Çà et là l'œil rencontre quelques ruines; mais ces ruines n'ont pas la triste couleur de celles qui gisent près de Rome; la mort ne les a pas touchées, elles ne sont que d'hier. Le passage répété des troupeaux leur a donné une teinte qui se marie admirablement avec le blanc mat des édifices florentins. Là vous ne trouvez pas, comme dans les campagnes de Rome, de ces bergers dont la face brûlée par le soleil, les vêtements traînants et noirs de poussière, les regards stupidement attachés au ciel, donnent l'idée de spectres que la mort a placés en sentinelle pour veiller sur ses conquêtes; vous croyez voir ces bergers chantés par Virgile. Autour de vous, vous apercevez des hêtres, mais ils sont moins touffus que dans le poète de Mantoue; le soir ils résonnent des chansons du pâtre florentin : ces chansons sont toutes notées sur un mode vif et précipité. On a de la peine à les comprendre, si l'on n'est initié aux mystères de la langue de Dante; et puis souvent le chanteur s'arrête pour jeter les yeux sur cette Florence, qui ressemble alors à un pavillon lumineux élevé dans les airs. Il quitte sa première chanson, en recommence une nouvelle, qu'il interrompra peut-être pour réciter quelques vers populaires en l'honneur du Tasse, de Michel-Ange, du grand Côme; car le pâtre sait tous ces noms. Si vous les prononcez, vous le voyez se retourner, et un sourire de joie vous apprend que vous êtes compris. Merveilleuse terre, où toutes les ames sont poétiques!

AUDIN.

LE VÉSUVE.

Je suis parti de Naples à sept heures du matin; me voilà à Portici. Le soleil est dégagé des nuages du levant, mais la tête du Vésuve est toujours dans le brouillard. Je fais marché avec un *cicerone* pour me conduire au cratère du volcan. Il me fournit deux mules, une pour lui, une pour moi, et nous partons.

Je commence à monter par un chemin assez large, entre deux champs de vignes appuyées sur des peupliers. Je m'avance droit au levant d'hiver. J'aperçois, un peu au-dessous des vapeurs abaissées dans la moyenne région de l'air, la cime de quelques arbres : ce sont les ormeaux de l'ermitage. De pauvres habitations de vignerons se montrent à droite et à gauche, au milieu des riches ceps du *lacryma-christi*. Au reste, partout une terre brûlée, des vignes dépouillées, entremêlées de pins en forme de parasols, quelques aloès dans les haies, d'innombrables pierres roulantes, pas un oiseau.

J'arrive au premier plateau de la montagne. Une plaine nue s'étend devant moi. J'entrevois les deux têtes du Vésuve : à gauche, la *Somma* ; à droite, la bouche actuelle du volcan. Ces deux têtes sont enveloppées de nuages pâles. Je m'avance. D'un côté, la *Somma* s'abaisse ; de l'autre, je commence à distinguer les ravines tracées dans le cône du volcan que je vais bientôt gravir. Les laves de 1766 et de 1769 couvrent la plaine où je marche. C'est un affreux désert enfumé, où les laves, jetées comme des scories de forge, présentent sur un fond noir leur écume blanchâtre, tout-à-fait semblable à des mousses desséchées.

Suivant le chemin à gauche, et laissant à droite le cône du volcan, j'arrive au pied d'un coteau ou plutôt d'un mur formé de la lave qui a recouvert Herculanum. Cette espèce de muraille est plantée de vignes sur la lisière de la plaine, et son revers offre une vallée profonde occupée par un taillis. Le froid devient très-piquant.

Je gravis cette colline pour me rendre à l'ermitage que l'on aperçoit de l'autre côté. Le ciel s'abaisse, les nuages descendent, et volent sur la terre comme une fumée grisâtre ou comme des cendres chassées par le vent. Je commence à entendre mugir les ormeaux de l'ermitage.

L'ermite est sorti pour me recevoir; il a pris la bride de ma mule, et j'ai mis pied à terre. Cet ermite est un grand homme de bonne mine et d'une physionomie ouverte. Il m'a fait entrer dans sa cellule; il a mis lui-même le couvert, et m'a servi un pain, des pommes et des œufs. Il s'est assis devant moi, les deux coudes appuyés sur la table, et s'est mis à causer tranquillement tandis que je déjeunais. Les nuages s'étaient formés de toutes parts autour de nous; on ne pouvait distinguer aucun objet par la fenêtre de l'ermitage. L'on n'entendait dans ce gouffre de vapeurs que le sifflement du vent, et le bruit lointain de la mer sur les côtes d'Herculanum. N'est-ce pas une chose assez remarquable que cette scène paisible de l'hospitalité chrétienne, placée dans une petite cellule au pied d'un volcan et au milieu d'une tempête?

L'ermite m'a présenté le livre où les étrangers qui vont au Vésuve ont coutume de noter quelque chose. Dans ce livre, je n'ai pas trouvé une pensée qui méritât d'être retenue; les Français seulement, avec ce bon goût naturel à notre nation, se sont contentés de mettre la date de leur passage, ou de faire l'éloge de l'ermite qui les a reçus. Quoi qu'il en soit, ce volcan n'a inspiré rien de remarquable aux voyageurs; cela me confirme dans une idée que j'ai depuis long-temps : c'est que les très-grands sujets, comme les très-grands objets, sont moins propres qu'on le pense à faire naître de grandes idées : leur grandeur étant, pour ainsi dire, en évidence, tout ce qu'on ajoute au-delà du fait ne sert qu'à le rapetisser. Le *nascitur ridiculus mus* est vrai de toutes les montagnes.

Je pars de l'ermitage à deux heures et demie; je remonte sur le coteau de laves que j'avais déja franchi : à ma gauche est la vallée qui me sépare de la *Somma*; à ma droite, la plaine du cône. Je marche en m'élevant sur la crête du coteau. Je n'ai trouvé dans cet horrible lieu, pour toute créature vivante, qu'une pauvre jeune fille, maigre, jaune, demi-nue, et succombant sous un fardeau de bois coupé dans la montagne.

Les nuages ne me laissent plus rien voir; le vent, soufflant du bas en haut, les chasse du plateau noir que je domine, et les fait passer sur la crête de la chaussée de laves que je parcours : je n'entends que le bruit des pas de ma mule.

Je quitte le coteau, je tourne à droite, et redescends dans cette plaine de laves qui aboutit au cône du volcan, et que j'ai traversée plus bas, en montant à l'ermitage. Même présence de ces débris calcinés; l'imagination se représente à peine ces champs de feu et de métaux fondus au moment des éruptions du Vésuve. Le Dante les avait peut-être vus lorsqu'il a peint, dans son *Enfer*, ces sables brûlants où des flammes éternelles descendent lentement et en silence, *come di neve in Alpe senza vento.*

Arrivammo ad una landa
Che dal suo letto ogni pianta rimove.
. . . - . . . .

> Lo spazzo er' un' arena arida e spessa
> . . . .
> Sovra tutto 'l sabbion d' un cader lento
> Pioven di fuoco de latata, e falde,
> Come di neve in Alpe senza vento.

Les nuages s'entr'ouvrent maintenant sur quelques points; je découvre subitement, et par intervalles, Portici, Caprée, Ischia, le Pausilippe, la mer parsemée des voiles blanches des pêcheurs, et la côte du golfe de Naples bordée d'orangers : c'est le paradis vu de l'enfer.

Je touche au pied du cône; nous quittons nos mules; mon guide me donne un long bâton, et nous commençons à gravir l'énorme monceau de cendres. Les nuages se reforment, le brouillard s'épaissit et l'obscurité redouble.

Me voilà au haut du Vésuve, écrivant assis à la bouche du volcan, et prêt à descendre au fond de son cratère. Le soleil se montre de temps en temps à travers le voile de vapeurs qui enveloppe toute la montagne. Cet accident, qui me cache un des plus beaux paysages de la terre, sert à redoubler l'horreur de ce lieu. Le Vésuve, séparé par les nuages des pays enchantés qui sont à sa base, a l'air d'être ainsi placé dans le plus profond des déserts, et l'espèce de terreur qu'il inspire n'est point affaiblie par le spectacle d'une ville florissante à ses pieds.

Je propose à mon guide de descendre dans le cratère. Il fait quelque difficulté, pour obtenir un peu plus d'argent. Nous convenons d'une somme qu'il veut avoir sur-le-champ. Je la lui donne. Il dépouille son habit; nous marchons quelque temps sur les bords de l'abîme, pour trouver une ligne moins perpendiculaire et plus facile à descendre. Le guide s'arrête, m'avertit de me préparer. Nous allons nous précipiter.

Nous voilà au fond du gouffre. Je désespère de pouvoir peindre ce chaos (1).

Qu'on se figure un bassin d'un mille de tour et de trois cents pieds d'élévation, qui va s'élargissant en forme d'entonnoir. Ses bords ou ses parois intérieures sont sillonnés par le fluide de feu que ce bassin a contenu

---

(1) Il n'y a que de la fatigue et bien peu de danger à descendre dans le cratère du Vésuve. Il faudrait avoir le malheur d'y être surpris par une éruption.

et qu'il a versé au dehors. Les parties saillantes de ces sillons ressemblent à ces jambages de briques dont les Romains appuyaient leurs énormes maçonneries. De grands rochers sont suspendus dans quelques parties du contour, et leurs débris mêlés à une pâte de cendres, couvrent le fond de l'abîme.

Ce fond du bassin est labouré de différentes manières. A peu près au milieu sont creusés trois larges puits ou petites bouches, nouvellement ouvertes, et qui vomirent des flammes pendant le séjour des Français à Naples, en 1798.

Des fumées s'élèvent de divers endroits du gouffre, surtout du côté de la *Torre del Greco*. Dans le flanc opposé, vers *Caserte*, j'aperçois une flamme. Quand vous enfoncez la main dans les cendres, vous les trouvez brûlantes à quelques pouces de profondeur sous la surface.

La couleur générale du gouffre est celle d'un charbon éteint. Mais la Providence sait répandre quand elle veut, comme je l'ai souvent observé, des grâces jusque sur les objets les plus horribles. La lave en quelques endroits est peinte d'azur, d'outremer, de jaune et d'oranger; des blocs de granit, tourmentés et tordus par l'action du feu, se sont recourbés à leurs extrémités, comme des palmes et des feuilles d'acanthe. La matière volcanique, refroidie sur les rocs vifs autour desquels elle a coulé, forme çà et là des roses, des girandoles, des rubans; elle affecte aussi des figures de plantes et d'animaux, et imite les dessins variés que l'on découvre dans les agates. J'ai remarqué sur un rocher bleuâtre, un cygne de lave blanche si parfaitement modelé, que vous eussiez juré voir ce bel oiseau dormant sur une eau paisible, la tête cachée sous son aile, et son long cou allongé sur son dos comme un rouleau de soie.

Ad vada Mæandri concinit albus olor.

Je retrouve ici ce silence absolu que j'ai observé autrefois, à midi, dans les forêts de l'Amérique, lorsque, retenant mon haleine, je n'entendais que le bruit de mes artères dans mes tempes, et le battement de mon cœur. Quelquefois seulement des bouffées de vent, tombant du haut du cône au fond du cratère, mugissent dans mes vêtements ou sifflent dans mon bâton ; j'entends aussi rouler quelques pierres que mon guide fait fuir sous ses pas, en gravissant dans les cendres. Un écho confus semblable au frémissement du métal ou du verre, prolonge le bruit de la chute, et puis tout se tait. Comparez ce silence de mort aux détonations épouvantables qui ébranlaient ces mêmes lieux, lorsque le volcan vomissait le feu de ses entrailles et couvrait la terre de ténèbres !

On peut ici faire des réflexions bien philosophiques, et prendre si l'on veut en pitié les choses humaines. Qu'est-ce, en effet, que ces révolutions si fameuses des empires, auprès de ces accidents de la nature qui changent la face de la terre et des mers ?

Heureux du moins si les hommes n'employaient pas à se tourmenter mutuellement le peu de moments qu'ils ont à passer ensemble ! mais le Vésuve n'a pas ouvert une seule fois ses abîmes pour dévorer les cités, que ses fureurs n'aient surpris les peuples au milieu du sang et des larmes. Quels sont les premiers signes de civilisation, les premières marques du passage des hommes, que l'on a retrouvés de nos jours, sous les cendres éteintes du volcan? Des instruments de supplice, des squelettes enchaînés.

Les temps varient, et les destinées humaines ont la même inconstance. *La vie*, dit la chanson grecque, *fuit comme la roue d'un char.*

Τροχὸς ἄρματος γὰρ οἷα
Βίοτος τρέχει κυλισθείς.

Pline a perdu la vie pour avoir voulu contempler de loin le volcan dans le cratère duquel je suis tranquillement assis. Je regarde fumer l'abîme autour de moi. Je songe qu'à quelques toises de profondeur j'ai un gouffre de feu sous mes pieds; je songe que le volcan pourrait tout à coup s'ouvrir, et me lancer en l'air avec ces quartiers de marbres fracassés.

Quelle providence m'a conduit ici? par quel hasard les tempêtes de l'Océan américain m'ont-elles jeté *aux champs de Lavinie? Lavinaque venit littora.* Je ne puis m'empêcher de faire un retour sur les agitations de cette vie, *où les choses,* dit St.-Augustin, *sont pleines de misères, et l'espérance vide de bonheur.* « Rem plenam miseriæ, spem beatitudinis inanem. » Né sur les rochers de l'Armorique, le premier bruit qui a frappé mon oreille en venant au monde est celui de la mer; et sur combien de rivages n'ai-je pas vu depuis se briser ces mêmes flots que je retrouve ici? Qui m'eût dit, il y a quelques années, que j'entendrais gémir au tombeau de Scipion et de Virgile ces vagues qui se déroulaient à mes pieds sur les côtes de l'Angleterre ou sur les grèves du Canada? Mon nom est dans la cabane du sauvage de la Floride, le voilà sur le livre de l'ermite du Vésuve. Quand déposerai-je à la porte de mes pères le bâton et le manteau de voyageur?

O patria! o divum domus Ilium!

Que j'envie le sort de ceux qui n'ont jamais quitté leur patrie, et qui n'ont d'aventures à conter à personne!

DE CHATEAUBRIAND.

LE LAC DE LUGO.

Une de ces circonstances qui viennent si souvent assombrir la vie, m'avait fait mettre les Alpes entre la France et moi. J'étais las de Paris, las de son tourbillon, las de moi-même. Je voulais rafraîchir par de nouvelles pensées, par de nouvelles sensations, mon ame qui s'abîmait sous une seule sensation, sous une seule pensée; et puis ce ciel gris me pesait, ces jours sans soleil et ces nuits sans étoiles me pesaient; j'avais besoin d'arbres toujours verts, de ciel toujours bleu, de fleurs toujours brillantes. Il me fallait voir d'autres regards, entendre d'autres voix, chercher

ITALIE.

Ville et Lac de Lugo.

d'autres souvenirs. — Italie! Italie! à toi tout cela!

Je m'étais donc jeté dans l'Italie.

Si vous avez été de Rome à Florence ou de Florence à Rome, vous connaissez la riante vallée de Terni; vous avez vu Narni, la ville aux jolis toits étagés en amphithéâtre, puis sa sœur Terni, blanche et tranquille, assise entre deux bras de la Nera; Terni avec sa cascade, ses vertes campagnes et ses bois d'oliviers. Près de ces deux villes, au bord d'un lac enseveli dans l'ombre, est un petit village ignoré qui se cache entre deux montagnes et qu'il faut aller chercher : c'est le village et le lac de Lugo. Ils sont situés à quelques milles de Terni, et si l'on part le matin, l'on peut visiter, dans sa journée, tout ce qu'offre de sublime au voyageur la délicieuse vallée de Rieti : des ruines de quinze siècles sur des volcans éteints, des grottes cristalisées par les eaux, et par-dessus tout, la source du Velino dans les Apennins, et sa chute dans la Nera : sa chute composée de trois chutes si blanches, si polies, si marbrées, qu'on leur a donné le nom de *Cascata delle marmore*.

C'est de ma course dans ces montagnes et

de toutes ces merveilles que je veux vous parler.

Mais je dois vous dire, avant, la rencontre que je fis à mon arrivée à Terni.

J'avais vu quelquefois dans les salons de Paris un jeune Anglais à figure triste et mélancolique; une de ces figures empreintes d'un cachet de malheur, figures qui intéressent toujours et auxquelles il est rare que le cœur ne réponde pas. Une conformité d'âge et de pensées nous avait souvent portés l'un vers l'autre; mais il avait quitté Paris à la fin de l'hiver, et depuis je n'en avais pas eu de nouvelles.

Le lendemain de mon arrivée à Terni, comme je visitais l'église de San-Salvador, la première personne qui s'offrit à moi fut ce jeune Edward.

Et comme il arrive lorsqu'on rencontre dans l'isolement et l'oubli quelque visage ami, quelque figure connue, nous nous revîmes avec bonheur. C'est qu'alors on est l'un pour l'autre comme un signal pour le voyageur égaré; l'indifférence s'efface, la moindre connaissance devient liaison, et la liaison amitié intime.

Lorsque nous fûmes sortis de l'église, il me parla de cette course dans les Apennins, et, comme je n'étais à Terni que pour deux jours, nous partîmes le lendemain de bonne heure.

Ce fut une belle matinée dont je garderai long-temps le souvenir ; à l'orient, le soleil rougissait à peine les contours de la montagne, et au couchant, une dernière étoile s'enfuyait ; il y avait dans l'air une fraîcheur douce et parfumée qui pénétrait l'ame d'un baume consolant ; et les petits oiseaux chantaient dans la feuillée, et l'hirondelle, toute joyeuse, se roulait par l'air en criant. Toute la nature s'éveillait resplendissante comme au jour de la création ; le moindre brin d'herbe avait son aigrette diamantée, la moindre fleur sa perle d'argent ; et toutes ces larmes du matin tremblaient sous la brise et reflétaient les clartés du ciel. Il y avait dans la campagne de petits enfants qui se jouaient au soleil levant, et de jeunes filles qui semblaient des fleurs au milieu des fleurs... Oh ! dans cette course matinale, que de plaies envenimées se fermèrent ! que de tristes pensées se parfumèrent au souffle embaumé qui rasait la montagne ! Ce que j'aimais alors, je l'aimais au centuple, et je n'avais pas la force de haïr ;

il semble qu'une fois face à face avec tout ce que Dieu créa pour lui sourire, l'homme étranger devient meilleur; et puis, sous ce beau ciel, sous tant d'animation et de poésie, peut-on se ressouvenir du mal? Oh! je le répète, ce fut une bien belle matinée!

Lorsque nous fûmes à quelques milles de la cascade, nous fûmes obligés de quitter nos chevaux. Nous étions alors sur les bords du Velino, que nous devions traverser, quand nous aperçûmes, cachée dans les arbres, une petite cabane de pêcheur, pauvre mais jolie, avec sa vigne grimpante et sa madone dans sa vigne. Un vieillard était assis devant la porte. A notre arrivée il se leva, et nous montrant sa vieille barque attachée au rivage, il nous dit qu'il était le *cicerone* des montagnes, et qu'il nous conduirait, comme nous le voulions, à la cascade de Terni et au lac de Lugo.

Puis se retournant : — Teresina! s'écria-t-il.
Mais personne ne répondit.
— Teresina! cria plus fort le vieux pêcheur.
Alors parut lentement, sur le seuil de la cabane, une jeune fille faible, pâle et se soutenant à peine. Néanmoins, elle aida son père à lancer le bateau, et prenant chacun une rame,

ils nous firent quitter le rivage. Nous suivîmes un moment le cours du fleuve. Je regardais, tandis qu'elle s'était assise sans force ni courage, cette Teresina, cette jeune fille si pâle, qui avait frappé tout à coup nos yeux comme une apparition. Je voyais qu'elle était jeune et belle, mais comme la fleur qui pousse dans un cimetière ; je voyais qu'elle avait des yeux noirs qui brillaient, mais c'était de l'éclat dont resplendit le regard du moribond; que ses joues étaient colorées par moments, mais c'était de la fausse fraîcheur des poitrinaires; je voyais qu'elle avait de belles mains, mais c'étaient de trop blanches mains pour une fille des campagnes. Une pensée de mort s'arrêta sur mon cœur, et je détournai les yeux.

Edward commençait à la regarder, lui.

En peu de temps nous eûmes atteint l'autre rive du Velino, et notre guide, ayant attaché son bateau, nous fit prendre un chemin qui coupait la montagne. Nous marchâmes longtemps et avec peine dans cette route montueuse taillée dans le roc, et nous nous reposâmes à cet endroit du chemin qui forme une espèce de terrasse. Là, le plus magnifique panorama se déroula autour de nous, car nous avions gravi plus de la moitié de la hauteur. Nous aperçûmes dans le lointain Terni et sa plaine, la Nera coulant au-dessous de nous comme un filet d'argent, et bien loin, bien loin, le Velino sortant tout à coup de l'ombre, et montrant la surface limpide et azurée de ses eaux tranquilles, qui vont dans un moment bouillonner et rouler avec fracas.

Nous eussions passé là notre journée ; Edward s'était assis auprès de Teresina ; j'écoutais le vieillard qui me reconstruisait une vieille tour en ruines à l'horizon, mais nous n'avions pas fait la moitié de notre course, et la journée s'avançait. Il nous fallut repartir.

Nous continuâmes la même route au milieu des précipices dont elle est bordée, et nous la quittâmes pour un petit sentier qui tourne autour de la montagne et qui nous conduisit enfin à son sommet.

On y a construit, pour y servir de repos et d'abri, une espèce d'auvent qui se trouve juste au-dessus de la cascade ; et si près, que si vous vous penchez en avant, vous êtes couvert d'écume et de pluie.

Nous étions alors à ce point de notre course

qui nous avait servi d'horizon à notre première pause.

A une petite distance de la cascade, s'élèvent deux montagnes arrondies couvertes de bois épais; au milieu d'elles passe le Velino, d'abord calme et sans bruit; puis il accélère peu à peu sa course; ses eauxt se roublent, et si vous suivez des yeux quelque pauvre feuille jetée par le vent dans cette vague tourbillonnante, vous la voyez tout à coup tomber et disparaître. Le Velino se précipite alors une première fois, et après avoir parcouru une distance de trois cents pieds, il est reçu sur un lit de rochers; puis il retombe une seconde fois, puis une troisième, et s'élançant enfin dans une plaine étroite et profonde, il court se joindre à la Nera; la Nera dont les eaux glissaient si doucement dans la vallée, dont la surface claire et limpide reflétait si bien le ciel; maintenant écumeuse et blanchâtre, débauchée par le Velino, elle se roule avec lui comme en fureur.

Ceci est un spectacle sublime : ces nappes d'eau blanchissantes avançant avec une effrayante rapidité, et se jetant avec tant de force qu'elles remontent en vapeur jusqu'à vous ; ce torrent qui brise dans son passage les arbres et les rochers, ce précipice de trois cents pieds qui n'est qu'un tiers de précipice; toute cette agitation de la montagne et cette tranquillité de la plaine ; ces dernières collines toutes bleues à l'horizon; ces petits sentiers blancs et poudreux qui se tordent dans la campagne, et puis cette vague et indescriptible beauté qui n'a rien de commun avec les sens et que l'âme seule peut comprendre; tout vient se réunir pour donner au voyageur une de ces longues extases, une de ces profondes émotions qu'on ne retrouve plus.

En ce moment je regardai Teresina : deux larmes brillaient sur ses joues. Edward la soutenait sur ses bras.

Alors je m'approchai du père et lui parlai de sa fille : — Cette enfant est trop faible pour d'aussi grandes courses, lui dis-je; elle se soutient à peine ; voyez....

Et en effet, elle était près de défaillir.

Le vieillard leva tristement les yeux vers le ciel et me raconta comment dès sa plus tendre enfance Teresina fuyait la vie de ses compagnes; comment elle n'avait pas connu sa mère qui était morte en la mettant au monde, et comment pour l'arracher à ses lectures et à sa vie sequestrée, il la conduisait avec lui respirer l'air pur des Apennins ; puis voyant qu'Edward et Teresina nous écoutaient, il m'ajouta plus bas dans son patois des montagnes.

— Oh! c'est une enfant qui ne vivra pas.

Je reculai involontairement.... Ce peu de mots du père avaient plus fait sur moi que toutes mes réflexions; car tout en prenant pitié de cette fleur sitôt fanée, je ne pouvais croire que l'on pût mourir sous un si beau soleil, sous un ciel si pur et sans orages, et maintenant tout me semblait gris et voilé. Aussi, tout ce que je vis depuis sur la route, je le vis comme à travers un crêpe funèbre. Je suivais tristement le chemin, je marchais seul et pensif; mais, malgré moi, la poésie envahissait mon âme; c'est qu'aussi dans cette Italie, Dieu l'a jetée à pleines mains la poésie ! elle est sur nos têtes, elle est sous nos pieds, elle est partout : là, rien n'est sans souvenir, et c'est toujours un grand souvenir : là, vous embrassez de l'œil et de la pensée toutes les religions et leurs phases, c'est dire toutes les poésies, car qui me trouvera une poésie sans religion ou une religion sans poésie? Là, chaque grain de sable ou de mousse, chaque fragment de bois ou de pierre, depuis la colonnette de l'ogive jusqu'au pilier du cintre; depuis la niche de la madone jusqu'aux ruines païennes qui jonchent la terre, tout a sa phrase dans l'immense épopée que notre siècle aura si pauvrement continuée!

Et au milieu de tout cela, cette jeune fille maladive qui se mourait! Oh! n'est-ce pas là une belle et sombre poésie!

Nous atteignîmes vers le soir le lac de Lugo. Nous étions remontés en bateau, et lorsque nous fûmes en face du village, nous débarquâmes à un promontoire opposé qui dominait le lac. Nous nous assîmes sous de grands arbres pour jouir de la vue de notre dernier tableau. Nous avions devant nous le petit village de Lugo, encaissé dans les Apennins et se mirant dans son lac. Au-dessus de lui sont les ruines d'un vieux château dont la tour était alors éclairée par les derniers reflets du soleil, tandis que les longues lignes des vieux murs dessinaient leur ombre grise sur le penchant de la montagne qu'ils descendent. Il y avait sur le lac des bâteaux de pêcheurs qui se balançaient au vent du soir, et nous voyions passer et repasser devant nous de jeunes filles qui allaient puiser de l'eau à ce limpide réservoir qui se dorait au soleil couchant. Les rives du lac sont couvertes de bois d'yeuses et d'oliviers qui se détachaient alors sur le fond des Apennins gris et pâles, se confondant avec le ciel en dégradant leurs tons.

Cette vue acheva de m'attrister; ce petit village enterré dans les montagnes, le feuillage de ces vieux arbres qui se penchaient sur le lac, ces lianes qui semblaient pleurer sur l'eau, et ce vieux château féodal démantelé qui laissait voir par une ouverture un coin du ciel en feu, toutes ces beautés mélancoliques vinrent assaillir mon âme que cette journée avait déjà tant remuée. Et puis il y a je ne sais quel sentiment douloureux à voir se coucher le soleil, quand on l'a vu se lever le matin. Toute cette nature qui s'éteint à la fois vous ôte l'espérance d'un retour. Tout semble mourir.

— Oh! partons! partons! m'écriai-je!

La nuit s'approchait, nous repartîmes pour Terni. Lorsque nous fûmes arrivés à cette hauteur du Velino où nous avions rencontré le vieillard et la jeune fille, Edward s'approcha de moi :

— Mon ami, me dit-il à l'oreille, vous retournerez seul à Terni.....

Je le regardai étonné.

— Je veux passer ma vie dans ces montagnes, reprit-il; depuis long-temps je cherche un asile contre les bruits du monde, une terre où tout ne soit que pureté, contemplation, extase; cet asile et cette terre, les voici qui s'offrent à moi; oui, c'est ici que je veux vivre.... Adieu...

Et il s'en fut rejoindre le vieillard.

Mon cœur se serra à cette séparation si naturelle et pourtant si inattendue; je rentrai précipitamment à Terni, que je quittai le lendemain. . . . .
. . . .

Cinq mois après, je me trouvais à Paris à une fête assez brillante, quand j'aperçus tout à coup, comme une ombre, une tête pâle et amaigrie, appuyée contre le chambranle d'une porte enlevée.

C'était Edward......

« — Et Teresina ! lui demandai-je avec effroi ?...»

Il me tira à part dans un salon isolé et me montrant un petit médaillon qu'il portait au cou :

— Voici tout ce qu'il en reste, me dit-il d'une voix sourde...

C'était une croix de cheveux noirs.

Palamède de Mortemart.

DEUX JOURS DE ROME.

LE DERNIER JOUR DU CARNAVAL.

Le jour des *moccoli* (1), lorsque Rome la sainte
Laisse errer la folie en sa bruyante enceinte,
Ceux de Castel-Gandolfe et ceux de Tivoli,
Portant la lourde boucle en argent mal poli;
Les filles de Nettune, au corset d'écarlate,
Ornant de médaillons leur sein où l'or éclate,
Et dans un réseau vert enfermant leurs cheveux;
Et celles de Lorette où l'on fait tant de vœux;

(1) Les moccoli sont de petites bougies qu'on tient à la main.

ITALIE.

Rome.

Celles de Frascati, dont les beaux yeux sans voile
Brillent, sous le *panno*, comme une double étoile,
Hommes, femmes, enfants s'avancent d'un pas lent
Vers la nocturne fête et le *corso* brûlant.

Alors le ciel s'embrase, et la flamme agrandie
S'étend le long des toits comme un vaste incendie,
Et les *moccoletti* courent de mains en mains,
Brillant et s'éteignant. Tel au bord des chemins
On voit le ver luisant, dans la nuit qu'il éclaire,
Paraître ou se cacher au mois caniculaire.
Au milieu du tumulte et des joyeux propos,
Quelques femmes d'Albane, assises en repos,
Imitent par leur taille et leur antique tête
Des déesses de marbre assistant à la fête.
Cependant le temps fuit, la lumière pâlit,
Et la jeune Romaine, en regardant son lit,
Voit à regret mourir le dernier feu!.. La foule,
Sur la place du Peuple, en murmurant s'écoule ;
Les voix sont déjà loin, l'écho n'a plus de sons,
Et les balcons muets ont fini leurs chansons ;
Par la lune éclairés, quelques *dominos* sombres

Dans le *corso* désert glissent comme des ombres
Mais le *saltaretto* près du Tibre a cessé,
Le jour des *moccoli* tel qu'un rêve a passé,
Et l'on n'aperçoit plus, dans une teinte grise,
Que les murs dentelés du palais de Venise ;
Et Rome se repose, et la paix des tombeaux
Succède au bruit des chars, à l'éclat des flambeaux.

Et puis le lendemain, sortant de leurs cellules,
Et les bruns Franciscains, et les blancs Camaldules,
S'emparent de la ville, et leurs yeux pénitents
Disent qu'il faut enfin commencer *le saint temps*.
Ils marchent en silence, et le marbre des dalles
Retentit lentement sous leurs larges sandales,
Qui foulent dans ces lieux, la veille profanés,
Et des flambeaux éteints et des bouquets fanés.

Ainsi l'ame s'endort quand sa fête est finie ;
Et soucis et chagrins, à la face jaunie,
Reviennent la fouler dans les sentiers humains,
Comme les pieds pesants de ces moines romains.

LE MISERERE DU VENDREDI SAINT.

De vingt bouches sorti, le son doux et naissant,
S'enflait et grandissait comme un fleuve puissant
Qui, faible, jaillissant des flancs de la montagne,
S'épand majestueux à travers la campagne.
J'entendais se grossir l'harmonieuse mer
Et ses flots isolés en vagues se former ;
Et me laissant bercer à la rumeur sublime,
Pareil au voyageur penché sur un abîme,
Qui, lorsque le soleil au fond du gouffre a lui,
Voit soudain les rochers tourner autour de lui ;
Les genoux frémissants, et la tête troublée,
Je n'apercevais plus la muette assemblée ;
Mes esprits s'envolaient dans la vague emportés,
Et des illusions dansaient à mes côtés ;

Puis sous les lambris peints d'une couleur étrange,
Je croyais voir passer l'ame de Michel-Ange
Qui, ce Saint Vendredi, jour de la Passion,
Venait se réjouir en sa création,
Et, donnant une vie aux voûtes immobiles,
Balançait sur mon front prophètes et sibylles,
Tandis qu'autour du mur, son divin monument,
Montaient et descendaient les morts du Jugement.
Tout ce que dans mes vers ma plume ici rappelle,
Je l'éprouvais alors en l'antique chapelle :
Mais lorsque revenait le verset récité,
Semblable au cri plaintif de notre humanité,
Je sentais aussitôt mon extase finie,
La vision cessait quand cessait l'harmonie.
Alors reparaissaient encore à mes regards
Et ces fronts tonsurés levés de toutes parts,
Et les dames de Rome, et sous leurs sombres voiles,
Leurs yeux étincelants, comme sont les étoiles ;
Les hommes noirs, debout, et sans cesse ondulant,
Tels que des flots poussés par un vent faible et lent ;
Les sénateurs, les clercs en longs habits de fête,
Les prélats violets ; et puis, le casque en tête,

La pertuisane au poing, dans les angles obscurs,
Les suisses bigarrés, rangés le long des murs ;
Et plus loin, dans le chœur, qu'une grille protége,
Les pères des couvents et le sacré Collége,
Les cierges de l'autel et leur éclat tremblant,
Et, sous un grand dais rouge, un vieillard seul et blanc.
Voilà comme toujours, dans sa sphère bornée,
De l'idéal au vrai notre ame est ramenée,
Et liée à ce corps qui ne la suivra pas,
Est contrainte soudain de regarder en bas.
Alors, adieu l'essor de l'ardente pensée,
Et par les champs du ciel la marche commencée ;
Tels que des êtres purs, les astres adorés,
Et jusques au matin les beaux rêves dorés !
Or, on avait fini l'office des ténèbres,
Le dernier cierge éteint, sous des crêpes funèbres,
L'autel avec la fresque, et les saints colorés,
Tout avait disparu, s'effaçant par degrés.
Puis, sans répondre *amen* à l'épître latine,
La foule avait quitté la chapelle Sixtine ;
Et moi, prenant dans l'ombre, à gauche mon chemin,
Je suivais lentement l'arcade du Bémin,

Et je n'entendais plus que des rumeurs lointaines,
Et le murmure égal des deux grandes fontaines
De la place Saint-Pierre, et les pas des chevaux
Traînant à leurs palais princes et cardinaux.

Antoni Deschamps.

Pouzzolles.

POUZZOLLES.

Certes elle tient peu de place sur la carte du monde cette partie du rivage du golfe de Naples, bornée par le mont Pausilippe et le cap Misène! mais aussi où trouver un lieu plus fécond en souvenirs?

Si l'on en croit Strabon, la ville de Pouzzolles aurait été bâtie par Dicée, fils de Neptune; Suidas prétend qu'elle doit son origine à Hercule; mais on pense généralement que les Ioniens fondèrent Pouzzolles sous le règne de Tarquin-le-Superbe, et que cette ville dut alors son nom aux fontaines sulfureuses qui l'avoisinent.

Suivant une opinion accréditée, Pouzzolles

aurait été autrefois le port de l'antique Cumes, de Cumes, la ville de l'antre de la Sibylle, la ville du temple d'Apollon. Pouzzolles aurait été autrefois un riche bazar, où venaient s'étaler les marchandises de la Grèce et de la Sicile. Cette opinion s'étaie principalement des ruines qui bordent le rivage, vieux débris de boutiques, que les savants nomment *Piscinæ veteres*, et des vases d'argent, des pierres ciselées, des colliers de perles et d'or que différentes fouilles ont tirés de ces ruines; puis Cicéron n'a-t-il pas écrit à son ami Atticus : *Quid non potui videre, cùm per emporium puteolanum iter facerem ?*

Au temps où les victoires d'Annibal labouraient les champs d'Italie, une colonie romaine vint s'établir à Pouzzolles. Pouzzolles vit des temples, des théâtres, des statues s'élever sous le souffle du génie ; et Pouzzolles fut appelée la Petite Rome.

Rien de la Pouzzolles moderne ne rappelle la splendeur de l'ancienne Pouzzolles : les torrents des armées et les tremblements de terre ont passé par là.

Annibal fut le premier qui ravagea Pouzzolles ; cette ville eut aussi beaucoup à souffrir de la lutte de Marius et de Sylla; et c'est là qu'après s'être dépouillé de la puissance dictatoriale, Sylla vint se reposer et mourir.

Plus tard Pouzzolles fut saccagée par les Goths et les Vandales : elle a en exécration les noms de Genseric, d'Alaric et de Totila.

Pouzzolles ne fut pas non plus épargnée par les Sarrasins, les Lombards et les Normands; mais ce fut Alphonse Ier de la maison d'Aragon qui porta à cette malheureuse cité le coup qui acheva sa ruine. Pouzzolles s'était rangée du parti de René d'Anjou, le compétiteur d'Alphonse; Alphonse met le siége devant Pouzzolles, la réduit par la famine et fait raser ses fortifications. C'est de ce jour que Pouzzolles a cessé de compter parmi les villes d'Italie.

Quoi qu'il en soit, les tremblemens de terre ont été plus funestes encore pour Pouzzolles que les sanglants débats des hommes : le premier, le plus terrible de ces tremblements de terre se manifesta en 1538. Presque toute la ville, un millier d'habitants furent engloutis; la mer s'écarta de deux cents pas du rivage; des masses de terre envahirent une grande partie du lac Lucrin; les belles ruines de la villa de Cicéron s'écroulèrent ; et Tripergola, voisine de Pouzzolles, Tripergola, célèbre par ses couvents, son site, ses fleurs, ses fruits et ses ombrages, Tripergola disparut tout entière.

Toutefois, la guerre et les mouvements du sol n'ont point effacé de Pouzzolles tout vestige de l'antiquité : on y rencontre encore un temple de marbre qu'un chevalier romain, Calpurnius Pison, fit édifier et qu'il consacra au divin Auguste, sous le nom de Jupiter. Ce temple est aujourd'hui une église vouée à St. Procule, l'un des compagnons de St. Janvier, patron de la ville de Naples.

Pouzzolles eut aussi, dit-on, un temple de Diane, un magnifique temple, avec cent colonnes de marbre blanc et de l'ordre corinthien, avec une belle statue de la déesse, haute de quinze coudées, portant deux larges ailes, debout entre une panthère et un lion.

Pouzzolles eut un cirque, un amphithéâtre ; on en découvre encore aujourd'hui quelques traces. C'est là que Néron donna en spectacle à Tiridate, roi d'Arménie, les plus splendides combats de bêtes féroces et de gladiateurs. Mais ce lieu doit une bien autre célébrité à un miracle rapporté par la légende.

C'était sous le règne de Dioclétien; on venait de publier un édit de mort contre les chrétiens qui resteraient attachés à leur culte. Timothée, alors gouverneur de la province, fait amener devant lui St. Janvier, évêque de Bénévent, lui demande de sacrifier aux faux dieux, le trouve ferme dans sa foi, et le fait conduire au cirque avec quelques autres chrétiens aussi inébranlables que lui. Une foule immense, avide du spectacle de la mort des martyrs, se précipita aussitôt dans l'amphithéâtre; mais l'étonnement de cette foule fut grand, quand les lions et les tigres, rugissant d'abord et de rage et de faim, doux soudain comme de jeunes agneaux, se couchèrent aux pieds des saints. L'air retentit d'applaudissements; un grand nombre d'assistants se jetèrent la face contre terre; et Timothée furieux s'écria : « Vils sorciers, votre art qui vous a protégés contre des bêtes féroces ne vous mettra pas à l'abri de la justice des hommes!» et sur-le-champ il fit trancher la tête de St. Janvier et de ses compagnons! Le lieu témoin de leur martyre fut depuis consacré par une petite église, où le miracle fut retracé par un bas-relief, où l'on plaça une statue de marbre de St. Janvier. Mais vint un jour où les Sarrasins s'emparèrent de Pouzzolles, entrèrent dans l'église, coupèrent le nez du saint de marbre et l'emportèrent à bord d'un vaisseau : aussitôt éclata une violente tempête, qui ne cessa que lorsque, sur l'avis d'un des ravisseurs, on eut jeté le nez à la mer. Peu de jours après, des pêcheurs trouvèrent le nez de marbre dans leurs filets ; ils le rejetèrent comme un objet sans valeur ; mais chaque fois qu'ils retiraient leurs filets de l'eau, le nez de marbre s'y retrouvait toujours. Pensant qu'il y avait là quelque chose de miraculeux, ils portèrent le nez de St. Janvier à l'évêque de Pouzzolles qui le reconnut, et fit assembler son clergé pour le placer solennellement sur le visage du saint martyr. Mais quand l'évêque approcha de la statue mutilée, le nez de marbre s'échappa de ses mains et fut se fixer de lui-même dans sa situation primitive. On ajoute que jusque là on avait fait d'inutiles efforts pour ajuster un autre nez de marbre à la place de celui que le saint avait perdu.

Parmi les ruines que Pouzzolles montre

encore, nous citerons les ruines du môle de Caligula, construction attribuée par les uns à l'extravagante prodigalité de cet empereur, attribuée par d'autres à la prédiction d'un devin, qui déclara que Caligula ne serait en sûreté sur son trône que lorsqu'il aurait conduit un char sur le golfe de Naples.

ÉDOUARD D'ANGLEMONT.

TURIN.

Voyage et séjour d'un jeune pâtre du val Louise, qui n'avait jamais quitté sa strablas.

Moins heureux que les bêtes qu'il soignait, ce jeune berger passait les hivers dans une solitude glacée avec son père, sa mère et un peu de menu bétail. Quelque isolée que fût cette famille, elle ne l'était pas assez encore; elle était sans cesse inquiétée par le voisin, que la proximité d'une étable avait séduit et fini par corrompre. Cette montagne était l'univers de ce jeune homme, et cette étable son palais. Sur les dix-huit années de sa vie, il en avait passé au moins quinze sous la neige. Il n'était descendu dans la vallée que deux fois : une première fois pour y recevoir le baptême, et une seconde fois pour y porter en terre son grand-père, mort à la Saint-Martin et enseveli à la Saint-Jean.

Nous continuâmes de cheminer, et, après quelques heures de marche, nous arrivâmes sur le col de la montagne. — C'est ici, monsieur, dit le chevalier, que passèrent autrefois Hercule, pénétrant d'Italie dans les Gaules, et Annibal allant des Gaules en Italie. — Et d'où étaient-ils? dit le jeune paysan; quel métier faisaient-ils? et que voulaient ces gens-là? — Le premier, répondit le frater, aimait beaucoup les filles, et dans les temps d'ignorance on le fit dieu; le second aimait beaucoup le vin, et après les vendanges on le battit. — Je n'aime pas le vin, répondit le paysan, et en conséquence, je ne serai jamais battu; mais je ne savais pas qu'autrefois on pût se faire dieu de la manière que vous dites, et il me semble que cette façon de le devenir n'était pas du tout mauvaise. — Je tremble, dit M. le doyen en entendant ce propos, qu'à notre arrivée à Turin ce jeune niais ne prenne la fantaisie d'être déifié.

Nous passâmes la *Rouche* et la *Cenise*; nous visitâmes le hameau des *Tavernettes*: nous découvrîmes les coteaux de *Chaumont* et les rivages de *Doria-riparia*. En passant à Venant, nous tînmes en laisse notre chamois, afin qu'il ne grimpât point sur la montagne, et qu'il n'en fît pas descendre sur nos têtes une avalanche prête à partir. Peu de temps après, nous vîmes une foule de voyageurs saluant des madones : ce qui fit demander à notre jeune homme si on ne verrait pas bientôt la *Brunette* (1); et quand il put apercevoir les plaines d'Italie : — Voilà, dit-il, le pays où autrefois on devenait dieu d'une façon si charmante.

Nous descendîmes à *Suze* dans l'auberge de la *Scala*. On nous y servit des poissons de la *Doria*, des truites du lac, des écrevisses de la *Cenise*, des vins étrangers et des vins du pays. Le jeune paysan ne pouvait comprendre qu'on pût servir tant de choses à si peu de personnes — Comme on n'a qu'un corps, disait-il, on ne doit manger que d'une chose, et ne boire que d'une boisson. Vous

---

(1) Forteresse imprenable.

mangez comme si chacun de vous avait une douzaine de corps, et je ne suis plus surpris si vous avez le ventre enflé, le teint blafard et l'haleine puante. Nos moutons et nos brebis ne mangent que d'une herbe, se portent bien et sentent bon. — Et ton bouc? dit le frater. — Il vaut mieux que toi, répondit le paysan; et si tu étais aussi fidèle à ta femme qu'il l'est à la sienne, tu ne courrais pas sur la montagne pour dire des sottises à tout le monde. Quoique notre savoyard eût protesté qu'il ne boirait pas de vin dans la crainte d'être battu, et qu'il ne mangerait que d'un seul mets dans la crainte de sentir mauvais, il mangea de tous les plats, but de tous les vins, et sortit de table excessivement repu et échauffé hors de mesure.

Il y avait à l'auberge de Suze une de ces filles que, dans tous les cabarets de France, on nomme *Jeanneton*, et qu'en Italie l'on appelle *la Giannina*. Après que nous eûmes soldé entre ses mains notre dépense en *soldi*, *quatrini*, *festini*, *bajocchi*, *mezzo bajocho*, *carlini*, *ponti*, *grani*, *piccoli* et deux *papetti*, pour les quatre *fiaschi*, la giannina s'adressa au paysan en lui demandant la *buona mancia*; sur quoi il frappa de sa main dans celle de cette fille, croyant que c'était cela qu'elle demandait; et comme elle vit qu'elle n'était pas comprise, elle traduisit sa demande par celle d'un *pourboire*, à quoi il répondit qu'on la battrait infailliblement si elle buvait, et que ce serait dommage. Elle lui dit alors que ce qu'elle demandait c'était l'étrenne, mot qu'il comprit bien, et auquel il répondit tout bas, *te la daro questa notte*. Le frater, qui entendit la réponse du paysan, prédit alors qu'il deviendrait incessamment mauvais sujet, et qu'il était fort à craindre qu'il n'aspirât pour ce soir-là même aux honneurs de l'apothéose.

Le lendemain matin, nous côtoyâmes la rive droite de la *Doria*, nous traversâmes la triste vallée de *Bussolino*, couverte de graviers qu'un torrent y charrie; et un peu plus loin, nous entrâmes dans la vallée de *Saint-Georges*, que les eaux de la Doria, dérivées par une multitude de canaux d'irrigation, entretiennent toujours fraîche et toujours fleurie. Nous passâmes par les villages de *Saint-Georges*, de *Vayse* et de *Saint-Ambroise;* et par-dessus ce dernier village, nous vîmes le monastère de Saint-Michel placé comme au sommet d'une pyramide. — Pourquoi avoir placé ce saint-là si haut ? demanda notre questionneur. — Quand on a vaincu le diable, on prend toujours la première place, répondit le frater. Nous visitâmes *Avigliano* et ses deux lacs, *Giaveno* et ses forges, *Rivoli* et son avenue si admirablement alignée à la *Superga*, qu'on croirait que ce dôme a été élevé à Turin pour elle.

Nous fîmes notre entrée à *Turin* par la belle rue de *Dora-Grossa*; nous allâmes loger à l'hôtel des Trois-Couronnes, dans la *Strada-Nuova*. Du milieu de la grande place, nous vîmes les rues de Turin dans toute leur longueur, et leurs extrémités terminées par d'admirables perspectives. Du haut de la montagne des Capucins, nous pûmes compter cent dix églises et autant de clochers, et les cent quarante carrés ou îles qui composent cette grande ville.

Notre paysan demeura comme émerveillé à la vue de tant d'édifices; mais ce qu'il ne put jamais comprendre, c'est que la population fût entassée par étages, et les hommes empilés les uns sur les autres jusque sous les combles, parce qu'il avait toujours joui chez lui des douceurs du rez-de-chaussée. — Si nous entassions ainsi nos moutons, disait-il, ils périraient tous ; et si nous rangions nos fruits de cette façon-là, tous pourriraient.

Telle était sa réflexion, et il en eut bientôt de plus graves encore à faire. En se promenant dans la ville, il prit dispute avec un cavalier qui ne voulut point déranger son cheval pour lui faire place. — Ah! dit-il, un beau cheval a, dans ce pays, le pas sur un pauvre homme! Et comme il voulait boire un verre d'eau, monter à une fenêtre pour voir de plus haut, et s'asseoir à l'ombre, on lui demanda de l'argent pour ces trois choses, et on eut quelque peine à lui faire comprendre comment on pouvait ainsi vendre l'eau, l'air, la vue et l'ombre. En voyant tant de monde en carrosse ou à cheval, il comprit facilement qu'il devait y avoir beaucoup de pauvres, puisqu'il y avait tant de riches; beaucoup d'hôpitaux, puisqu'il y avait tant de palais ; et beaucoup de vices, puisqu'il y avait tant de besoins.

Lorsque nous le conduisîmes à l'église de *Saint-Philippe-de-Nery*, il remarqua une grande quantité d'artisans et de laquais agenouillés et priant, tandis que les maîtres causaient entre eux sur des coussins voluptueux; il pensa que ceux-ci avaient acheté le privilége de ne pas prier, et que la canaille seule était tenue de payer en nature le tribut à Dieu. Et lorsque nous lui fîmes remarquer, dans la même église, la pompe des cérémonies et la magnificence des décorations, il regretta la croix de bois plantée sur le sommet de sa montagne que le soleil dorait de ses premiers rayons, et que les jeunes faisans, conduits par leurs mères, venaient saluer en chantant aussitôt qu'ils avaient pris le vol. Entendant au Conservatoire tant d'harmonie et si peu de chant, et son oreille ne pouvant saisir tant de parties bruyantes et diverses, il se rappela le chant de la fauvette à tête noire, qui n'appelle jamais au secours de sa voix les cresserelles et les corbeaux, satisfaite qu'elle est de n'avoir pour accompagnateur qu'un merle à plaque rose, qui, pour elle, fait la basse. Lorsqu'il entendit, au Palais de Justice, des enfants plaider contre leur père, des femmes contre leurs maris, des frères contre des frères, il maudit ce grand nombre de besoins qui produit tant de vices, et ce grand nombre de vices qui brise tant de liens et produit tant de crimes. Et quand nous lui expliquâmes les textes des lois avec lesquelles chaque plaideur attaque et se défend, et les in-folio dans lesquels ces armes meurtrières sont déposées, il conseilla de brûler cet arsenal, et de consigner une législation claire et pacifique dans un livre qui ne fût pas plus volumineux que celui des *Civilités puériles*. Il montra surtout beaucoup d'humeur, lorsqu'il vit les places et les rues remplies de moines de toutes les barbes et de tous les capuchons; il les compara aux chats piémontais qui entrent dans les presbytères, et mangent les provisions des pauvres curés.

Lorsqu'il vit que les habitants de Turin se prétendaient toujours Piémontais, quoique le pays fût alors occupé par les Allemands, il leur dit : *Fratelli, voi siete Germani*. Quand il vit que plusieurs des premiers se laissaient schlaguer, il leur dit : *Fratelli, siete cogli...* Et il partit de Turin, rempli d'une indignation si vive, qu'elle l'aurait conduit d'une seule traite jusque dans l'étable de son père, s'il n'avait voulu, avant d'y entrer, coucher encore une nuit à l'auberge de *la Scala* de Suze. Il n'avait trouvé que cela de bon dans tout son voyage.

Français (de Nantes).

NAPLES.

BAIES. — LE PAUSILIPPE.

Pour étudier quand on est à Naples, pour prendre de la peine d'esprit, il faut une vocation de voyageur toute particulière; il faut du courage. J'ai lu plusieurs voyages en Italie; la plupart des voyageurs négligent Naples, et je le leur pardonne volontiers : à Naples, ils ont vécu au lieu d'écrire; ils ont respiré l'air au lieu de travailler; quoi de plus naturel? Mais alors il fallait avoir la franchise d'avouer cette délicieuse fainéantise; il fallait dire : Je ne parle pas de Naples, parce que j'y ai fait ce que le climat me conseillait, parce que j'y ai senti au lieu de réfléchir.

La fainéantise est un hommage qu'il faut

ITALIE

Naples prise de la mer.

rendre au climat napolitain. On critique souvent le *rien faire :* sait-on ce que c'est de ne rien faire à Naples? C'est s'abandonner à la nature, c'est attendre sa joie, son bonheur de l'air, du ciel, de la mer, et non de ses pensées et de ses sentiments. Et quelles pensées vaudraient cette douceur enivrante de l'air qui vous enveloppe? Quels sentiments vaudraient le spectacle de cette mer qui semble doucement bercer vos regards? Les pensées, les sentiments, c'est la joie des pays froids ou tempérés, où l'homme est mieux chez soi qu'au grand air, où, comme la nature n'a pour lui ni caresses, ni baisers, il aime à rentrer en lui-même et à s'enfermer en son ame. Mais à Naples, mais en face de cette belle nature, comment ne pas se livrer aux embrassements de ce ciel, de cette mer et de toutes les délices qui vous entourent? Ailleurs c'est sottise que de rien faire : à Naples, c'est du génie. Je méprise la paresse depuis Pétersbourg jusqu'à Florence; à Rome, je commence à l'aimer; à Naples, je l'admire.

Ce qui frappe le plus quand on arrive à Naples, c'est le bruit. Alfieri disait : « Les Napolitains, maîtres dans l'art de crier. » Le mot est juste. Arrivez-vous par mer : du port vous entendez déja ce murmure de voix, cet immense chuchotement qui remplit Naples à toute heure. Pour nous, c'est à quatre heures du matin que nous arrivâmes à Naples, heure du repos dans toutes nos villes, heure du bruit déja pour cette ville sonore. Naples s'éveillait, chuchotant, criant, parlant, chantant, gesticulant; et pendant tout le temps du jour, Naples chuchote, crie, parle, chante, gesticule. Nulle part le peuple ne fait tant de bruit; nulle part il ne tient tant de place. Ailleurs le peuple est caché dans ses ateliers, dans ses maisons, dans ses boutiques, travailleur infatigable qui fait aller la machine sociale, mais qui semble se dérober aux regards. Ailleurs, si vous voulez voir le peuple, il faut le chercher; il faut aller, à l'heure des repas, à la porte des manufactures, ou bien attendre un jour de fête publique. C'est alors qu'on voit le peuple, c'est alors qu'il se répand dans la ville, court, circule, retentit; c'est pour lui la fête, pour lui les rues, les promenades : ces jours-là il n'est plus l'ame insensible et muette de la cité; il l'anime, il l'emplit de son mouvement; c'est sa maison ces jours-là, meublée pour lui, parée pour lui. Il n'y a de peuple dans nos villes que les jours de fête.

A Naples, le peuple est de tous les jours et de tous les instants : la ville est à lui; dans les rues tout est pour lui : des buffets de limonades, des marchands de fruits, des bureaux de change pour la monnaie de cuivre, des cuisines portatives, tout annonce le peuple, et cela non dans certains quartiers seulement, mais partout, dans la rue de Tolède comme sur la place du Marché ; à la Chiaja comme sur la Piazza-Medina. La bourgeoisie et le monde semblent cachés à Naples. Le peuple éclipse tout; partout il fourmille, partout il retentit. La vie du peuple à Naples tient plus de place que partout ailleurs.

Ce peuple, qui a marqué la ville de son empreinte, qui l'a ainsi appropriée à ses goûts, à ses usages, est-ce le peuple d'une république, un peuple souverain? Non. Personne n'est moins libre et moins souverain, comme on l'entend chez nous, que le peuple de Naples. Il n'a aucun droit politique : il est libre et puissant à sa manière. Je me souviens qu'un homme d'esprit, qui a traversé la révolution, me disait un jour : « Vos docteurs parlent de la liberté du peuple : le peuple est toujours libre au cabaret! » J'amenderais le mot pour qu'il fût plus aisément compris, et je dirais que le peuple est toujours libre quand il ne travaille pas. L'esclavage pour le peuple, c'est le travail, maître impérieux qui commande au nom de la faim. L'ouvrier qui, le samedi soir, a cent sous dans sa poche est libre pour deux jours, c'est-à-dire qu'il ne sent plus le joug de son maître, du travail. Telle est la liberté naturelle, telle est la liberté napolitaine. Le Napolitain n'a besoin que de peu travailler pour gagner sa vie. Il est donc libre et vraiment libre. Le premier esclavage et le plus dur, c'est le travail; la première liberté et la plus naturelle, c'est de ne point travailler. Un nègre ne s'y tromperait pas; un nègre comprend mieux que nous ce que c'est que l'esclavage et la liberté, parce qu'un nègre ne connaît pas les métaphores et les abstractions aussi bien que nous, qui appelons libre l'ouvrier qui travaille seize heures par jour : libre en effet, il n'obéit qu'à la faim!

Le Napolitain n'a aucun droit politique : il n'a ni tribune, ni journaux, mais il ne subit aucune des tyrannies que la faim et le froid exercent sur nos artisans. C'est bien quelque chose que ce genre de liberté qu'il doit à son climat, et à laquelle aucune révolution ne peut rien ajouter, ni rien ôter.

J'aimerais à m'arrêter sur le peuple napolitain; mais j'ai hâte de faire quelque excursion dans les environs de Naples. Je choisirai pour promenade la côte de Pouzzolles et de Baies.

Le nom de Baies réveille je ne sais combien d'idées de fêtes et de voluptés; c'était l'auberge de tous les vices de l'ancienne Rome. Properce trouvait que Cynthie se compromettait en y restant.

Tu modo corruptas quamprimum desere Baias.

Nulle part la débauche et la prodigalité romaine n'ont été si hardies dans leurs caprices que sur cette côte. Nos vices sont mesquins, nos folies sont pauvres et misérables quand on les compare aux folies et aux vices gigantesques des patriciens de Rome. C'est à Baies qu'ils venaient dépenser le pillage de l'univers. Architectes, cuisiniers, peintres, marchands d'esclaves, danseuses, courtisanes, serviteurs divers de tous les caprices romains, donnez, donnez un libre essor à votre imagination! L'or ne manquera pas; votre maître a ruiné trois provinces d'Asie. Ce palais de marbre est élégant, mais le soleil perce le marbre et jette la chaleur jusque dans les asiles les plus secrets. — Eh bien! nous bâtirons un palais sous la mer. — Et le palais se bâtissait, et quand on côtoie aujourd'hui ce rivage désert, on entend le bruit du flot qui se brise sur des ruines cachées sous l'eau. — La chair de mes murènes n'est pas assez délicate. — Il y a, seigneur, un moyen de la rendre plus tendre. — Et pourquoi ne l'as-tu point employé? — Il faut les nourrir de chair humaine. — Les esclaves manquent-ils dans ma maison? — Sur cette côte la gourmandise allait jusqu'à la cruauté; sur cette côte, toutes les folies du luxe, toutes les recherches de la débauche, tous les crimes de l'avidité se sont donnés en spectacle; nulle part l'homme n'a tant abusé de tous ses sens; nulle part l'homme n'a tant exercé la dernière passion qui vient aux riches et aux puissants : la passion de l'impossible.

Voyez Tibère, Caligula, Néron, ces représentants effrénés de tous les crimes et de toutes les folies romaines; étudiez leurs vices; le fond de tous leurs vices est la passion de l'impossible; toutes les autres passions sont chez eux assouvies et lasses; celle-là seule leur reste; mais elle prend la forme de toutes les autres et les ravive, elle leur rend l'énergie qu'elles avaient perdue par la satiété : ardente, inépuisable, parce qu'elle ne peut jamais se satisfaire, elle devient le tourment et la furie de ces ames affreuses. Tibère, vieux et usé, veut des plaisirs; Caligula veut un pont sur la mer de Baies à Pouzzolles; Néron veut se faire femme; tous veulent l'impossible, tous luttent contre la nature : lutte abominable dont le ciel a puni les hommes, mais dont il semble avoir aussi puni les lieux, tant cette côte est aride aujourd'hui et déserte. Les horreurs qu'elle a vues l'ont brûlée comme Sodome, et le mauvais air s'en est emparé pour en chasser les hommes, comme d'un lieu empesté par le crime.

Et pourtant il y a tant de séduction dans cette mer qui caresse amoureusement la terre; ce rivage semble si bien fait pour le plaisir que le plaisir n'a pu s'en beaucoup éloigner. C'est la colline de Pausilippe, c'est la plage de la Mergellina, qui semble avoir hérité aujourd'hui de la renommée de Baies. L'église prêche contre Pausilippe et son rivage funeste à la vertu, comme autrefois la philosophie prêchait contre Baies; et j'ai lu qu'un capucin, voulant donner à son auditoire une idée des dangers du Pausilippe, racontait que, lorsque le diable offrit à notre Seigneur tous les pays de la terre s'il voulait l'adorer, il excepta Pausilippe seul du marché, comme le lieu le plus propre à son métier de tentateur.

C'était au bas du coteau de Pausilippe, sur la plage de la Mergellina, qu'habitait Sannazar, qui a chanté, en beaux vers latins, le bonheur qu'il y goûtait. Quand je lis ces vers dans ma chambre, ils me plaisent; lus sur le Pausilippe, en face de la mer et du Vésuve, ils m'enchanteraient l'ame, je le sais. Je me souviens, à ce propos, d'une promenade que je fis au Pausilippe : nous venions de voir le lac d'Agnano et la grotte du Chien; nous gravîmes les collines qui entourent le lac, collines jaunâtres, toutes imprégnées de soufre, où la terre, quand on la frappe, rend un son sourd, d'où s'échappent des exhalaisons sulfureuses ; collines qui sont vraiment dignes, par leur nature, de servir de mur mitoyen entre deux cratères de volcan; l'un éteint, le lac d'Agnano; l'autre fumant encore, la Solfatare. C'était un chemin affreux, aride, fatigant. Enfin nous arrivâmes au sommet de la colline, et de là nous allâmes au Pausilippe, où nous nous reposâmes. Jamais vue ne m'a semblé plus délicieuse.

Nous étions assis à terre, sous des vignes suspendues en festons et chargées de fruits mûrs. A quelques pas de nous on faisait la vendange et nous en goûtâmes. La vendange en France se fait en commun, avec grande presse et grand bruit; la vigne a l'air d'être mise au pillage. Là, la vendange se fait en famille, avec gaîté, mais sans hâte. Nous avions devant les yeux le golfe de Naples, près de nous la petite île de Nisita qui semblait flotter à la pointe du Pausilippe, comme le dernier anneau de cette chaîne de verdure qui pendait sur la colline; quelques vaisseaux errant comme par plaisir sur la mer ; en face, le Vésuve avec une légère fumée qui sortait du cratère; à gauche, Naples avec son bruit, dont quelques murmures arrivaient jusqu'à nous; à droite, le golfe de Baies, le promontoire de Misène et le souvenir de Corinne, Corinne, le dernier grand nom qui se soit venu jeter entre tant de grands noms entassés sur cette plage et qui y ait trouvé place. Nous restâmes là fort long-temps. Rêvions-nous ? A Dieu ne plaise ! N'étant ni poètes, ni philosophes, nous n'avions pas la fatuité d'avoir des rêveries : seulement ces vers de Virgile nous revenaient en mémoire :

*Illa me tempore dulcis alebat
Parthenope, studiis florentem ignobilis oti.*

« En ce temps, la belle et douce Parthénope (Naples)
« me nourrissait dans les délices d'un obscur repos. »

Ces vers nous charmaient. Pourquoi ? C'est que nous les répétions aux lieux qui les avaient inspirés ; c'est que Naples était devant nous, Naples cette douce nourricière qui ne veut que le repos; c'est que nous respirions cet air chargé de mollesse et de loisir, cet air à qui Virgile jetait ce vers tant soit peu nonchalant ; c'est que ce riant coteau, ces îles, cette mer et la brise qu'elle envoie au rivage étaient en quelque sorte la musique qui accompagnait autrefois les vers de Virgile, et que cette musique sacrée, nous la retrouvions aujourd'hui dans l'aspect de cette belle nature, comme dans son écho fidèle.

Saint-Marc Girardin.

GENES.

> Regarde, Fairfax, jamais plus belle vision
> S'est-elle offerte aux regards d'un mortel ?...
> Miss Jane Porter.

> Jamais dans nulle église, on ne vit plus beaux yeux
> Des grains du chapelet se tourner vers les cieux...
> Le comte Al. de Vigny.

La voilà donc encore cette capitale de la montueuse Ligurie, celle qui résista quatre-vingts ans aux armées romaines!.....

Les voilà ces descendants des Ligures-Apuani, si long-temps vainqueurs des Étrusques, ces Génois qui partageaient la puissance des mers avec la ville de saint Marc, jusqu'à ce que la journée de *Chiozza*, nouvelle *Actium*, décidât une grande querelle et donnât tout le pouvoir au vainqueur.

Mais si Venise devint la reine des mers,

elle ne put t'arracher entièrement ta splendeur, ô ville des Doria, des Spinola, des Durazzo, des Grimaldi et des Fiesqui!

Ville des Portici (1), je te salue!

Par combien de vicissitudes es-tu passée avant d'arriver au calme dont tu jouis! Que de troubles, que de luttes, que de chances, avant d'être réunie à ce Piémont que tu as tant de fois repoussé, toi, plus long-temps souveraine que sujette, plus libre qu'asservie, plus indépendante que protégée!.....

N'importe, tu es restée toujours belle!....

Ma vue se complaît à revoir tes palais de fée, tes montagnes odorantes, tes ruisseaux si purs, ton ciel si lumineux!....

Le voilà bien encore ce port d'où l'audacieux *Colomb* partit pour découvrir un nouveau monde (2)!

Les voilà encore debout ces ruines magni-

---

(1) *Nobili del Portico di san Ciro, o Vecchio, nobili del Portico di san Pietro, o nuovo.*— On comprend sous ces deux dénominations les anciennes et nouvelles familles patriciennes.

(2) Maintenant chacun a sa version sur le lieu de naissance de Cristophe Colomb. Les uns le font naître, en 1442, à *Savone*, d'autres à *Cugureo*, près de Gênes, d'autres à *Plai-*

fiques où Charles-Quint fut reçu si magnifiquement (1) !

Je les retrouve aussi ces femmes séduisantes, ces Génoises aux regards brillants, ces femmes enveloppées de leur *mezzaro* pour ressembler encore mieux aux madones qui ornent leurs palais, ces femmes dont la vie paraît être dans leurs yeux animés et sur leurs lèvres brûlantes.

En voyant la nuit, lors de la fête de sainte Marthe, dans de brillantes gondoles, ornées de fallots de mille couleurs, les voluptueuses Vénitiennes glisser sur cette mer comme des météores trompeurs, je disais, avec Shakespeare : « Elles sont perfides comme l'onde qui les porte ! » Et de vous, belles Génoises, que dirai-je ?......

Mais j'entends ces sons harmonieux qui,

---

sance. Voici, dit-on, la version la plus authentique : Colomb est né dans un petit château à 3 milles de *Mira-Bella*, dans la province d'Aqui, sur le bord d'un torrent appelé *Gruna*, à 8 milles de Casal.

(1) Lorsque André Doria reçut dans son palais Charles-Quint, il fit jeter à la mer toute la vaisselle d'or qui avait servi à l'empereur, afin qu'aucun hôte moins noble ne pût la profaner après lui. On raconte que des plongeurs habiles la retiraient secrètement.

s'élevant vers la *Madona del Monte*, se répandent dans cet air parfumé et semblent planer au-dessus de têtes ivres de plaisir.... Est-ce un rêve ?.. Toi que j'ai vue languissante et cruellement blessée, Gênes-la-Superbe!.. aujourd'hui tu ne vis que dans les fêtes : il est donc vrai qu'il n'est pas de douleurs éternelles!... Eh bien! comme toi, j'oublierai tes maux, je ne garderai de souvenirs que ceux qui me rappelleront ta prospérité, je suivrai tes fêtes pompeuses, et j'assisterai à tes joies, et je prendrai ma part de tes plaisirs, et j'accompagnerai partout ta jeunesse, à la fois indolente et passionnée, cette jeunesse que j'ai vue adolescente et timide.

A ce soir, dites-vous avec cet accent qui peint si bien l'attente d'un bonheur qu'on prépare. Eh bien! à ce soir.....

Ah! c'est donc ici? *nel Palazzo* D*** au milieu des sculptures de *Michel-Ange*, des fresques de *Carloni*, entouré des chefs-d'œuvre du *Titien*, de *Guide*, du *Tintoret!* sous les merveilleux lambris des *Alessi*, des *Fontana*..... Oh! oui! je m'en souviens!...... Lorsque mille lumières jetaient cet éclat qui fait paraître les toilettes plus fraîches, les pierreries plus flamboyantes, les femmes plus belles, et que la prudence me commandait de quitter BELLINA, je me plaçais contre un angle de porte et regardais avec une secrète jouissance ces quadrilles élégants, ces danseuses légères, dont la moins jolie l'était encore plus qu'ailleurs.... Elles paraissaient toutes belles en effet. Le mouvement gracieux et ondulé de ces têtes couvertes de roses et de jasmins ressemblait à ces parterres fleuris, mollement agités par le vent du matin....

Je me souviens aussi qu'au milieu de ce bruit, de ce mouvement, de cette musique excitante, mon cœur silencieux et pensif se nourrissait d'une seule émotion.... Et quand l'heure de quitter cette féerie était arrivée, j'emportais du bonheur pour ma nuit, quand BELLINA avait pu me dire un adieu bien bas, ou que sa main avait pressé la mienne..... Vous ne connaissez pas *Bellina ?* Vous ne savez pas tout le plaisir que nous éprouvions d'être ensemble... Elle était sans *patito* (1), me disait elle, et je l'avais cru tout aussitôt, comme on

---

(1) Le PATITO, ou souffrant de Gênes, est le CAVALIERE SERVANTE de Milan, et le CICISBEO de Florence et de Rome.

croit quand on aime.... Et en effet, la seule fleur qu'elle portait, c'était la fleur que j'avais donnée.... Mais ce n'est pas d'*elle* que je veux vous parler; ce serait une longue et sombre histoire !........

Parlons plutôt de vous *Giovanni Vaghi, e Donne innamorate* (1), de vous qui tantôt suivez les rives du *Levante* (2), tantôt la route de Savona, ou celle de Campo-Marone, de vous qui parcourez les *Villas* de Ponte Decimo, ou de Rivarolo. Jouissez de ce beau jour, de cet air qui exhale ses vapeurs balsamiques, de ces gazons qui s'étendent sur cette terre parfumée, comme le léger voile vert qui cache à peine un visage au teint de rose. Égarez-vous dans ces jardins qu'on prendrait pour l'Eden de l'Archipel, dans ces parcs où les riches Génois mêlent aux orangers, au jasmin des Açores, ces bouquets de pins, ces pyramides de cyprès, cette nombreuse famille d'arbres mélancoliques enlevés aux forêts du Li-

---

(1) ARIOSTO, *Orl. Fur.*
(2) La Lunigiane passa sous la domination des Génois, et forma la *Riviera di Levante*, comme la Ligurie occidentale s'appelle encore *Riviera di Ponente*.

ban, et qui paraissent surpris de vivre ici au milieu des pampres d'Europe et des figuiers de la Ligurie.

Je connais aussi le prix d'une belle journée. Que de fois, le dimanche, j'ai rencontré de ces jeunes filles de pêcheurs, vêtues de jupes de damas, de corsets de satin, couverts de corail, de filigranes, de bijoux d'or, laissant flotter au vent leur long *mezzaro* de mousseline peinte, bien rieuses, bien folles, gravissant en courant les montées de la *Dursina* à *l'acqua verde*.... ces montées en terrasses rapides comme le col de la *Bochetta*..... Je souriais à ces joies de jeunes filles, et j'aurais voulu prendre ma part de ces plaisirs...

Aussi, quand BELLINA sortait, j'étais toujours là pour lui offrir mon bras, car, je vous l'ai dit, j'étais son *patito*; et, lorsqu'elle allait, si pieuse et si recueillie, faire ses dévotions à l'église de l'*Annunciata*, j'étais le seul qui portât son livre d'heures, et, lorsque le vent de mer repoussait la chaleur vers les Apennins, personne ne lui donnait le bras que moi à la promenade de *Strada Nova*, à l'*Aqua Sola*, ou sur le quai qui conduit à la *Lanterna*.....

Mais j'ai dit que je ne vous parlerais pas de
BELLINA.

A vous donc qui vivez plus intimement des
sensations du poète, dites, n'avez-vous pas
été le soir, le long des bords de la *Polcevera*,
rêver un amour comme on en voit peu, un
amour comme celui de la dame de Fayel et
de Raoul de Coucy, comme celui d'Abeilard
et d'Héloïse? n'avez-vous pas cru trouver là,
sur la pelouse ombragée de ces grands saules, une jeune femme aux yeux languissants,
à la voix douce, à la taille élancée, aux formes
voluptueusement arrondies, rêveuse comme
vous, prête à recevoir le secret de votre ame,
cherchant un ami, un frère, mais ne voulant
que vous seul, et heureuse de recevoir la
mystérieuse confidence de votre tendresse....?

Heureux pays où la poésie et l'amour se
respirent avec l'air! Eh bien! jouissez; allez,
heureux amants, allez attendre avec impatience la cloche qui va sonner l'*Angelus*, puisque ce doit être le signal de votre bonheur!
Allez, allez respirer le doux parfum du soir,
et la plus douce haleine de celle qui vous
aime!...

Comme vous j'ai aimé la poésie et l'amour,

un ciel sans bornes, une mer sans fin; ma vue et ma pensée allaient se perdre dans ce vague horizon, et j'avais ainsi une idée de l'infini... involontairement je soupirais, je rêvais...

Que de fois, lorsque BELLINA pouvait se dérober à cette foule qui devait être debout à son lever, j'ai essayé de gravir le matin l'un des sommets de vos Apennins, pour aller voir le *spontar del sole!*... Elle refusait les *viturini* de la place de l'Annunciata (1), les *poriantint dei viccoli* (2). Nous ne voulions aucuns témoins de nos fêtes matinales... C'était, appuyée sur moi, et après bien des poses que l'amour ne comptait pas, que nous arrivions au sommet. Là, au milieu de lentisques et de myrtes sauvages, par la fraîcheur du matin, nous puisions de nouvelles forces pour résister à la chaleur du jour.

(1) C'est sur cette place que se tiennent les voitures de louage.

(2) Les petites rues de Gênes qui montent à pic vers les rochers dont les sommités sont couronnées de forts, de tours, de casinos et de villas, s'appellent *Viccoli*. Ce sont des porteurs nommés *Portantini*, qui vous transportent en ces lieux.

Mais je vous l'ai déja dit, je ne veux pas m'occuper de BELLINA.

Voilà la nuit. Quelle est cette barque qui sort du *Molo Vecchio* et glisse vers *Rappallo*?

Elle porte un amant que l'espérance guide, que le bonheur attend.

Elle vogue mystérieuse, sans éclat et sans bruit; car son unique passager ne répète pas les refrains du Pescator.

Elle vogue timide et furtive; car elle sert l'amour... l'amour! agité comme la feuille qui tremble au vent!...

L'air est tiède et embaumé, le ciel brillant d'étoiles scintillantes, le silence règne partout; mais le souffle du *Levante* apporte un léger bruissement de rames vers un palais dont les balcons se courbent sur une mer immobile.

La voyez-vous, cette femme entourée de gaze, de soie, de parfums et de volupté? Elle l'a compris, ce vague bruit de la nacelle; elle a dit : « C'est la sienne! » et la fenêtre s'est ouverte aussitôt, et l'échelle de soie est déja dans ses mains... Et tandis que le vieux mari compte une des heures de ses longues nuits... elle sonne le moment du rendez-vous de sa femme!...

Enfants, vous chantez avec insouciance une barcarole de Venise; vous dansez avec folie une *monferina* piémontaise; vous aimez avec franchise ces Génoises belles et voluptueuses; toutes vos joies sont confiantes!... vous ne voyez que plaisirs, jouissances, bonheur dans cette vie!... Heureux âge où tout se termine par un sourire, où le passé ne tient pas encore en garde contre l'avenir! Ah! si, comme moi, vous aviez vécu long-temps, bien long-temps! votre joie se changerait en tristesse, vos plaisirs en inquiétudes, votre bonheur en chagrin... vous aussi vous aurez vos déceptions!

Savez-vous qu'ainsi que vous j'allais aussi, la nuit, doubler ma vie près de BELLINA? Savez-vous que je lui avais abandonné mes journées, mes nuits, tous mes moments, ma vie entière?... car je n'en réservais rien pour moi... Je l'aimais tant!

Savez-vous qu'elle aussi avait des sourires qui faisaient rêver, des mots qui faisaient tressaillir, des baisers qui faisaient mourir!...

Eh bien! écoutez ce qui arrive à ceux qui aiment avec confiance...

Mais non, il faudrait vous entretenir de BELLINA, et vous le savez, je ne veux pas en parler, je ne veux plus y penser même...

N'y songez donc plus aussi; croyez-moi, bornez-vous à regarder ce *magasin de palais* (1)... Voyez la Strada Nova, cette rue de marbre! voyez la grande rue Balbi, qui paraît n'avoir que *des princes pour habitants* (2), et qui semble faite pour *un congrès de rois* (3)!

Sortez du *Molo Novo*, dans la felouque coloriée, regardez ces *villas d'Albaro* et de *San-Pier-d'Arena* qui entourent la cité des Doges... voyez-la suspendue à la pointe orientale du croissant dont elle présente la forme pittoresque; voyez enfin ses vertes promenades, l'azur de son golfe, l'or pourpré de son ciel, le velours soyeux de ses fleurs, la beauté de ses femmes... et dites si ce n'est pas Gênes-la-Superbe!!!

(1) Expression du ministre Roland.
(2) M. P. Gauthier.
(3) Madame de Staël.

LE BARON DE MORTEMART.

DOMO D'OSSOLA.

Italie! antique et noble patrie des arts! pour dire tes merveilles suffit-il d'avoir traversé Rome ou Venise, ou Naples ou Florence? Non, non... Sur ton sol paré d'enchantements, semé de féeries, il faut promener ses rêveries silencieuses du Pausilippe au Capitole, de Tibur au Vésuve, du Tibre à l'Arno; puis après l'on dira : « J'ai vu l'Italie. »

Ah! qu'elle vous semble belle cette Italie, lorsque ébloui encore de toute cette fantasmagorie de glaciers, de torrents et d'abîmes, que vous avez parcourus de Briggs à Dovedro, vous sortez enfin de ces Alpes formidables, au sein desquelles le puissant génie de l'homme se créa un passage, et que vous contemplez alors les riantes plaines de la Lombardie!! Ainsi que le malheureux, tourmenté d'un long cauchemar, voit, aux premiers rayons du jour, se dissiper les sinistres images qui navraient son sommeil, votre œil, soulagé, comme par enchantement, des sublimes horreurs du Simplon, se repose avec délices sur un ciel éclatant d'azur. Derrière vous, l'enfer; devant vous, l'élysée.

Voyageur! veux-tu d'étranges scènes, des émotions profondes ? Crois-moi : pour sentir des extases plus douces encore à la vue d'un horizon pur, au souffle d'un air embaumé, viens saluer l'Italie, mais après avoir franchi les Alpes. En un seul jour ici, la nature aura déployé tour à tour à tes regards l'appareil le plus imposant et le plus terrible, l'aspect le plus suave et le plus enchanteur! En un seul jour, tu auras vu le Valais et le Rhône, tu te seras élevé jusqu'aux régions de glaces les plus inaccessibles, et le soir même tu reposeras mollement sous le beau ciel de l'Italie.

Vous avez à peine entrevu les coteaux de Dovedro. — Loin de vous déjà le Simplon et ses avalanches, et ses glaciers, et ses précipices; soudain les rocs, moins sourcilleux, s'inclinent, et vos yeux errent au loin sur des plaines. Ici, la vigne commence à s'élever sur un tapis de verdure et se dessine en festons; là, sont des villages éclatants de blancheur : des clochers les dominent, des arbres les ombragent. Tout vous révèle un climat nouveau. Quelques pas encore, et voici, étendue à vos pieds, comme une robe verte de velours, la vallée de d'Ossola.

Alors, plus de déserts, de sites affreux, de forêts sauvages, mais des habitations, des rivières, des plaines, des collines verdoyantes, le tout à profusion : c'est une magie, vous dis-je !

Des hauteurs de Crevola, contemplez bien ce spectacle enivrant, car partout c'est la vie, partout de fraîches images! Puis, descendez à Domo. — Et du sein de cette nature si douce et si féconde, tournez-vous tout à coup vers le Simplon... Quel aspect bizarre et fantastique que celui de ces immenses bastions du revers des Alpes qui s'élèveront gigantesques, à vos regards, au milieu du ciel azuré de la Lombardie.

Vous voilà donc à Domo ! Entendez-vous de ce côté les maillets des sculpteurs? Des éclats de marbre jonchent les rues : vous vous sentez déja dans le pays des arts. Ah! cette ville est bien petite et bien modeste! Sans doute, y voyez-vous des maisons proprement alignées, une place assez grande, une église quelque peu remarquable : c'est le *Duomo* de la Vallée, et Domo d'Ossola lui doit son nom.

Mais, me direz-vous tout étonné, ce n'est point encore là l'Italie? — Oh! non ; ce n'est point là l'Italie fastueuse, brillante et coquette; vous êtes à d'Ossola, comme à l'humble porte d'un palais somptueux.

En effet, les mœurs de cette humble vallée se ressentent du voisinage de la Suisse; elles sont simples, mais elles sont rudes. Les gens qui vous entourent ne se revêtent que d'étoffes grossières ; les femmes elles-mêmes, à d'Ossola, cachent tout bonnement leurs cheveux sous un pauvre mouchoir de couleur; leur taille se renferme sans art dans un corset qu'à la rigueur vous prendriez pour une veste d'homme ; puis elles portent des bas de laine ; puis elles marchent, l'été, pieds nus, dans la campagne.

Aussi d'Ossola n'a point de nom dans l'histoire; d'Ossola ne tient aucun rang parmi les grandes cités. Comme Naples, elle n'a point à vanter son Vésuve, ou ses musées ou son golfe; comme Rome, ses ruines antiques et son Colysée; ses cathédrales, comme Milan; ses palais, comme Florence! Toute sa gloire à elle, pauvre ville, c'est un petit commerce inconnu des artistes, dédaigné des voyageurs... Bienheureuse soit-elle toutefois! sa nullité l'a jusqu'ici préservée du fléau des invasions et des guerres. Ah! combien de cités brillantes, et que je ne veux pas nommer, envieraient, à ce prix, sa triste obscurité!

Un mot encore. — Les environs de d'Ossola ne sont pas sans intérêt. Une colline assez curieuse domine la ville : on l'a nommée *le Calvaire.*

CHARLES-MALO.

LE GOLFE DE SALERNE.

CASTELL-A-MARE. — LA CAVA. — VIETRI. — AMALFI.

Je m'embarquai dans le port de Naples avec un de mes amis, et fis voile pour Castell-a-mare, sur une de ces *lancelles* montées par de vigoureux mariniers, qui servent à la communication entre les deux villes.

Une brise légère enfle notre voile latine; et, quoique tout promette une heureuse traversée, nos mariniers comptent assez sur notre libéralité pour nous présenter une cassette couverte des flammes de l'enfer, et destinée à recevoir les dons des ames pieuses. Le produit de ces aumônes doit être consacré par eux à des prières *per le anime del' purgatorio*, et jamais personne ne refuse une rétribution de quelques *grains* pour cette destination.

Bientôt disparaissent derrière nous les collines verdoyantes du Pausilippe, où l'œil cherche vainement le laurier de Virgile, les tours grisâtres du Château-Neuf, le môle avec son phare élégant, objet d'un culte d'amour pour les Napolitains, et ces maisons de couleurs variées qui donnent à la ville un aspect si pittoresque. Mais, en revanche, nous découvrons Portici, ses palais, ses brillants rivages couronnés par le cratère fumant du Vésuve, et couvrant, depuis dix-huit siècles, les monuments et les ruines d'Herculanum. *Torre dell' Annunziatia et Torre del Greco* si souvent sillónnées par les laves brûlantes du volcan, et, comme le phénix, renaissant toujours de leurs cendres, surgissent à nos regards. La brise fraîchit, et nous franchissons rapidement, non sans quelque sentiment d'orgueil, ces parages illustrés par la victoire que les flottes françaises remportèrent sur les Espagnols, lorsqu'elles vinrent soutenir la trop chevaleresque expédition du duc de Guise.

J'étais plongé dans les réflexions que faisait naître en moi le souvenir de cette entreprise si audacieuse ; je me représentais ce prince intrépide sur sa frêle nacelle, forçant, l'épée à la main, les matelots épouvantés, de braver les feux de la flotte assiégeante et des forts ennemis, puis débarquant, au bruit de mille coups de canon, dans les bras d'une population ivre d'étonnement et de joie. Soudain, la *cantilene* d'un jeune mousse, répétée à voix basse par l'équipage, nous avertit que nous avions dépassé la petite église de *Madona di Porto-Salvo*, placée sur une éminence voisine, et que nous étions hors de tout danger. Au bout de quelques minutes, nous abordions sur la plage de Castell-a-mare, après trois heures de traversée.

On croirait, au premier coup d'œil, que cette ville vient d'être envahie par des escadrons d'ânes : tant est grande la foule de ces animaux inondant la place et les quais ! Un des cavaliers de la troupe se charge de notre bagage et nous conduit à l'auberge Royale, où il nous faudra passer la nuit, attendu qu'il y a peu de parties dans les Deux-Siciles où l'on puisse voyager sûrement après le soleil couché.

On nous assure, néanmoins, que nous pouvons visiter sans péril les environs de la résidence du roi, et nous faisons appeler l'indispensable *cicerone* qui doit nous servir à la fois de guide et de rapsode.

« Sous cette ville, nous dit-il, pendant que nous côtoyions le rivage pour gagner le chemin de la montagne, demeure ensevelie une puissante cité. Stabie était son nom. Sylla la fit ravager par un de ses lieutenants durant la guerre Sociale, et le volcan qui se trouve placé, comme vous le voyez, à plus d'une lieue de distance, acheva l'ouvrage du dictateur en l'engloutissant à jamais. On est parvenu à retirer, dans des fouilles, quelques manuscrits, des statues et des peintures, que vous pouvez admirer au musée de Portici.

« La ville nouvelle vous offrira peu de curiosités. Nous avons cependant un arsenal, un bagne, et tout ce qui constitue un port militaire : c'est ici que se font les armements de la marine royale sicilienne; mais rarement notre pavillon franchit les colonnes d'Hercule. Sur les flancs du mont Saint-Angelo, qui s'élève à pic au-dessus de nous, vous apercevez un petit château, perché comme un nid d'aigle : ce nid est celui du *Nabab*, et ce nabab est un matelot de Castell-a-mare qui, poussé, comme votre major Martin, par une humeur aventureuse sur les côtes de l'Indoustan, a su en rapporter une fortune immense. Ce fut aux souvenirs de son pays qu'il dut ses succès. Déja, sans doute, vous aurez vu passer rapidement sur nos têtes des fagots que nos bûcherons font partir du sommet de la montagne ; ils glissent sur un câble et vont s'arrêter près du rivage. Ainsi, dans une occasion importante, notre compatriote s'avisa de faire voyager l'artillerie d'un radjah au service duquel il était engagé. La victoire fut le prix de cette manœuvre, et sa fortune fut le prix de la victoire. Sur une autre partie de la montagne, vous pouvez apercevoir les quatre tours demi-ruinées d'un château plus fort et plus vaste. Il se trouve situé près du chemin que nous allons parcourir ; en examinant de près ces tours symétriques et arrondies, vous y retrouverez un système de construction normande qui vous fera reconnaître son origine. »

Je priai notre guide de nous conduire au château royal. Il nous répondit que cela lui était impossible, parce que le roi y faisait en ce moment sa résidence. Mais il offrit de nous guider dans les bosquets qui en dépendent. « Examinez, nous dit-il, pendant la route, ces nombreuses maisons de campagne dont le penchant de la colline est parsemé. C'est là que tous les étrangers de distinction résidant à Naples accourent, pendant les chaleurs de l'été, pour trouver de la fraîcheur et de l'air. Quelques valétudinaires y viennent aussi boire les eaux alcalines et sulfureuses qui découlent de nos rochers. Voilà le *casin* où mourut M. de Serre, ambassadeur de France. Plus loin, ce charmant édifice est celui du baron Acton, où se réunit la meilleure compagnie de Naples. Voici la maison de campagne du ministre d'Angleterre, et celle de l'ambassadeur d'Autriche. »

Après avoir parcouru dans tous les sens les bosquets nombreux de la résidence de *Quisisana*, nous redescendîmes par une avenue d'une délicieuse fraîcheur. La température était si différente de celle que nous avions laissée à Naples, que nous croyions avoir franchi 15 à 20 degrés de latitude nord. Une tranche de ce veau de Sorrente, si vanté par Sancho Pança, arrosée d'une bouteille de *la-*

cryma Christi), nous composa un souper plus agréable que celui dont le comte Turpin de Crissé menace les voyageurs à Castell-a-mare; et cependant le pays seul en avait fait tous les frais. Un lit fort propre (ce qui n'est pas commun hors de Naples) nous reçut jusqu'au lendemain.

Dès six heures du matin, notre léger cabriolet nous attendait à la porte; deux petits chevaux calabrais nous emportent avec la rapidité de l'éclair, en nous laissant à peine le temps d'admirer ces campagnes fécondes que tapisse une triple moisson. La vigne enlacée aux peupliers court en riants festons; ses pampres verts se dessinent au-dessus des tiges jaunissantes du maïs. Ailleurs le cotonier étale sa fleur violacée, gage d'une riche récolte; il croît à l'ombre même du mûrier, qui contribuera comme lui à la confection de nos brillants tissus. Çà et là, quelques agaves américaines, couronnant de leurs dards acérés le sommet des murailles en ruine; le palmier aux larges feuilles et le figuier de l'Indoustan, donnent à diverses parties du paysage une physionomie des tropiques. Bientôt une vaste plaine s'offre à nos regards.

Je crois apercevoir une ville, et pourtant je n'entends pas ces clameurs, ces éclats bruyants qui annoncent ordinairement des cités de l'Italie méridionale. Quoi! pas un paysan, pas un mendiant, et nous sommes en Italie! Quelles vastes et magnifiques tombes de marbre éparses sur les bords du chemin! comme elles s'harmonisent avec le calme qui règne dans ce paysage! Le joli *casin!* que ses fresques et ses mosaïques paraissent fraîches et élégantes! Pourquoi ce banc de marbre si richement ciselé à la porte de la ville? Mais où sont donc les habitants? Le pavé est si beau! on y voit tant de traces de roues! et l'on n'entend pas le bruit d'un char... Des amphithéâtres, des portiques, des palais!... Est-ce donc un rêve? ou l'histoire de cette ville pétrifiée, dont Chéherazade amuse Chariar, s'est-elle donc réalisée? — Non, me répondit mon ami; mais nous traversons Pompéi : nous reviendrons ici ; j'ai voulu faire ce léger détour pour vous ménager le plaisir de la surprise. — Reprenons la route de Nocera, à laquelle les Arabes, qui l'ont occupée long-temps, ont laissé le surnom de *Nocera de' Pagani :* ce qui n'a rien de personnel pour les habitants, tout aussi bons catholiques que leurs voisins.

Après avoir franchi Nocera, on entre dans l'Eden des paysagistes, et tout devient encore plus magique dans le tableau qui se déroule à nos yeux. A gauche, le noir Vésuve exhale une fumée lente; plus loin, les cimes bleuâtres de l'Apennin ceignent et terminent l'horizon, tandis que, dans les plans intermédiaires, des monticules verdoyants, couronnés de tours en ruine, semblent posés par la main du Poussin pour fournir aux peintres une suite sans cesse renaissante de paysages délicieux.

Un écu écartelé, de gueules à la tour d'argent, et d'or au lion grimpant de gueules, sur le tout d'azur à trois fleurs de lis, est sculpté sur le marbre, et nous annonce que nous quittons la *province de Labour* pour entrer dans la principauté de *Salerne*. La *Cava*, petite ville charmante, paraît devant nous. La parfaite régularité de ses portiques, qui se prolongent des deux côtés de la route, ne le cède en rien à ceux de Turin, ou de notre rue de Rivoli, quoique sur une moindre dimension. La propreté des habitants, l'air d'aisance et de contentement qui se peint sur tous les visages, la position de la ville, tout concourt à faire de cette petite cité l'une des plus agréables résidences du royaume. Le monastère de la *Cava* (la Trinité) possède une des plus riches bibliothèques d'Italie.

Au sortir de la Cava, nous descendons dans une gorge, à l'entrée de laquelle on rencontre un gentil ermitage. C'est là que se trouve interrompue la longue chaîne calcaire des Apennins qui, se prolongeant dans cette direction, forme tout le promontoire de Sorrente et se montre encore à Caprée. La gorge se resserre de plus en plus; mais elle reçoit un ruisseau qui va donner de l'activité à une multitude de jolies fabriques semées dans le fond du vallon, et qui servent à la fois à décorer le paysage et à enrichir le pays. A quelques pas de là, Vietri s'élève en amphithéâtre sur une colline et s'étend jusqu'à la mer.

Cette ville est si sale qu'il ne tient qu'à nous de supposer que nous sommes de retour à Naples. Il faut déjeuner à la taverne; vainement le voyageur chercherait ici un honnête abri : nous descendons *alla Marina*, et nous faisons apprêter une barque et des rameurs, puisqu'il est indispensable que notre voyage soit fait par terre et par mer.

Les rameurs nous attendent; mais point de *tendelet* sur leur barque : un soleil de juillet, dont la force est doublée par la réflexion des masses blanchâtres de rochers que nous côtoyons, nous accable de ses rayons brûlants. Nos mariniers sont en eau; ils chantent pourtant et rament en cadence, en saluant de leurs acclamations les nombreux pêcheurs qui, placés dans les anfractuosités des montagnes de la côte, jettent dans le golfe leurs vastes filets.

Après avoir doublé le premier cap, on peut embrasser, dans tout son développement, le magnifique golfe de Salerne. En apercevant, à notre gauche, la ville qui lui a donné son nom, nous nous rappelons avec fierté que, quelques siècles plus tôt, quarante de nos compatriotes avaient mis en fuite, sous ses remparts, une nombreuse armée de Sarrasins qui l'assiégeaient; plus loin, les côtes voisines réveillent en nous d'autres souvenirs. « Vous voyez, me dit mon ami, ces grèves plates qui fuient dans le lointain; là fut Pœstum. Jadis ces rives enchantées offrirent un refuge aux voluptueux habitants de Sybaris. Leurs bosquets embaumés de rosiers présentèrent un premier abri aux exilés, tandis que les pétales des roses effeuillées fournissaient à leurs membres délicats des couches parfumées. Bientôt s'élevèrent des temples majestueux; le luxe et les arts ornèrent à l'envi ces délicieuses contrées. Maintenant pas un homme ne végète sur cette terre flétrie; aux doux parfums de la rose ont succédé les miasmes pestilentiels qu'exhalent de toutes parts d'impurs marécages; les chants d'ivresse et d'amour ont cessé, et l'éternel silence qui plane sur ces contrées n'est interrompu que par le sifflement des reptiles cachés sous des débris. Ces vastes temples seuls semblent restés debout pour dire aux voyageurs : « Tel fut Pœstum, tel il est aujourd'hui. »

Mais déja les cris de nos mariniers ont salué Atrani. Cette petite cité, qui, par le singulier bariolage de ses clochers et par sa position romantique au milieu des roches du promontoire, présente du côté de la mer un fort joli coup d'œil, ne gagne pas à être vue à l'intérieur. Nous nous rembarquâmes donc, et quelques coups de rame nous avaient transportés sur les illustres plages d'Amalfi.

Où sont les mille vaisseaux qui portaient

naguère aux bornes du monde le pavillon de la République triomphante ? Où sont les chantiers dont les constructions sans cesse renaissantes couvraient la mer de voiles innombrables ? Dans quel palais s'assemblaient ces sénateurs, dont les sages lois avaient été adoptées par les diverses contrées de l'Italie ?... Trois barques de pêcheurs, des filets, plusieurs maisons d'une assez triste apparence, placées toutefois dans la position la plus pittoresque ; sur le premier plan, un petit hôtel orné de brillantes couleurs, voilà tout ce qui reste aujourd'hui d'Amalfi. Deux rochers qui surplombent défendent la ville des vents du nord, et donnent à cet ensemble un caractère si particulier qu'il ne saurait être rendu que par le pinceau. Bientôt, nous nous acheminâmes, à travers des rues étroites et misérables, vers la partie de la ville qui se prolonge dans les profondeurs d'un énorme ravin. Les deux roches calcaires, qui nous dominent, semblent avoir été séparées par l'effet d'un violent tremblement de terre. Au fond coule un ruisseau qui, passant sous deux ponts placés à des hauteurs inégales, est du plus heureux effet; l'un de ces ponts sert de soutien à une forge. En descendant son cours, nous reconnûmes que ses eaux alimentaient, dans l'intérieur de la ville, une fabrique d'assez triste apparence. Nous visitâmes ensuite un cloître, dont l'architecture à ogives pleines et entrelacées nous parut d'un style remarquable, et de là nous passâmes à l'église, dont la construction originale nous avait frappés dès notre arrivée. Cet édifice, fort élevé au-dessus du niveau de la grande place, sur laquelle il est situé, ne nous étonna pas moins par la multitude bizarre de petites colonnes d'ordres et de couleurs divers qui soutiennent son portail, que par la bigarrure de son clocher, chargé de bandes noires et blanches.

« Une autre route se présente à nous pour revenir à Naples, me dit mon ami; nous pouvons, en côtoyant le promontoire, visiter ces rochers fameux (*i galli*) auprès desquels Homère a placé les sirènes. Ils servaient naguère encore de retraite à des êtres aussi dangereux, mais revêtus de formes moins séduisantes, qui enlevaient les voyageurs sans prendre l'embarras de les charmer. Si, comme je le suppose, nous sommes assez heureux pour ne rencontrer ni sirènes, ni barbaresques, notre barque voguera ensuite

> Entre le doux Sorrente où la grappe dorée
> Se marie aux citronniers verts
> Et les rochers aigus de la pâle Caprée.'
>
> Casimir Delavigne.

« Nos yeux chercheront vainement les moindres vestiges du temple magnifique qui couronnait l'extrémité du cap des Picentins; mais nous pourrons encore aller maudire, sur les pics stériles de l'île qui l'avoisine, l'horrible repaire habité jadis par le tyran de Caprée. De là, quelques minutes nous suffiront pour gagner les lieux enchantés où naquit l'amant infortuné d'Éléonore, et vos regards reposeront avec plaisir sur les vastes bosquets de myrtes et d'orangers en fleur qui embaument la plaine de Sorrente. Saluant la demeure du Tasse par quelques vers de l'*Aminta*, nous traverserons le golfe, et nous aurons regagné Naples. »

Mon compagnon de voyage traçait avec complaisance son itinéraire; et cependant le dieu des vents, qui a placé son séjour dans les îles voisines (les îles Éoliennes, aujourd'hui de Lipari), avait déchaîné le plus terrible de ses enfants. Le *lebeccio* (*libycus*), si redouté dans la Méditerranée, amoncelait avec fureur des nuages noirâtres sur les cimes de l'Apennin, et les roulements prolongés du tonnerre retentissaient jusque dans les échos des Calabres. Plus prudents que le prudent Ulysse, peut-être aussi plus faibles que lui, nous n'osâmes braver le double danger dont nous menaçaient Éole et les Sirènes; et, suivant l'expression des marins, nous résolûmes, *en fuyant devant le temps*, de reprendre, pour retourner à Naples, le chemin par lequel nous étions venus.

GAUTHIER D'ARC.

FIN.

www.ingramcontent.com/pod-product-compliance
Lightning Source LLC
Chambersburg PA
CBHW060120170426
43198CB00010B/967